ワンコイン参考書シリーズ

小6 国語 参考書

日栄社

刊行にあたって

「バブル崩壊」という経済的な事件が、日本で一九九〇年近辺に起こりました。一九四五年に第二次世界大戦に敗戦した日本は、戦後の復興から、約半世紀にわたる経済成長をとげましたが、「バブル崩壊」は「高度経済成長」から続いていた日本の右肩上がりの時代の終わりを告げるものでした。

それ以降、日本では「失われた三十年」とも言われる沈滞の時代が続いています。「一億総中流」と呼ばれ、がんばれば誰もが豊かになれると信じられた社会から、貧困率が上昇し続ける「格差社会」へと、日本の社会は姿を変えつつあります。子どもたちの生活においても、「7人に1人」が貧困であると言われています。

貧困は子どもたちから教育の機会を奪います。子どもが成長して親になったときに、教育の不足ゆえに低い収入で働き続けることを受け入れざるを得なかったとすれば、その次の世代の子どもも、また貧困に苦しみ、十分な教育から遠ざけられかねません。これは「貧困の連鎖」「格差の連鎖」と呼ばれています。

また、教育の不足で十分な収入が得られないために、不本意ながら結婚や出産をあきらめる人たちもいることでしょう。青壮年の貧困は「少子化」の大きな原因のひとつともなっています。

こういった悪循環は、日本の現在の大人である私たちが作りだしたものであり、子どもたちには何の責任もありません。この悪循環を止めるにはいろいろな方法があろうかと思いますが、「高齢化」が進行し、福祉にますます財源が必要になる中でも、貧しさが原因で子どもが学びをあきらめるような社会をつくってはならないと、私たちは考えています。

『ワンコイン参考書・問題集（税別500円）／ツーコイン電子参考書・電子問題集（税別200円）』は、未来を担う日本の子どもたちが安くても良質な参考書・問題集を手に取れるようにとの思いで刊行しました。この理念に賛同してくれた著者の先生や、制作会社、印刷会社の人たちのおかげで、このシリーズを刊行することができました。

子どもたちよ、どうか「学びを、あきらめない」でください。このシリーズが子どもたちの役に立つことを祈っています。

二〇二二年一〇月二七日　日栄社編集部

もくじ

小6国語参考書

1 かなづかいと送りがな

○かなづかい

私たちがふだん使っている「現代かなづかい」は原則として、発音の通りに、かなで表記します。ただし、以下に挙げるものについては注意が必要です。

1 助詞《じょし》「を」「へ」「は」は、発音は「オ・エ・ワ」だが、「を」「へ」「は」と表記する。

(例) ぼくは君を公園へ連れていく。

2 「ジ・ヂ・ズ・ヅ」については、次のようなきまりがある。

①原則的には「ぢ・づ」は用いず「じ・ず」で表記する。

（例）味わう（あじわう）　短い（みじかい）　預ける（あずける）

②二つの語が連合したために「ち・つ」がにごる場合は、そのまま「ぢ・づ」と表記する。

（例）はな＋ち＝鼻血（はなぢ）　そこ＋ちから＝底力（そこぢから）
おやこ＋つれ＝親子連れ（おやこづれ）

③「ち・つ」が続いているためににごる場合にも、そのまま「ぢ・づ」と表記する。

（例）縮む（ちぢむ）　続く（つづく）　綴る（つづる）

3 「オー・コー・ソー」などオ段《だん》の長音（長くのばす音）には、次のようなきまりがある。

①原則的には「おう・こう・そう」と「う」を使って表記する。

（例）公園（こうえん）　扇（おうぎ）　掃除（そうじ）
王様（おうさま）

②次のような場合には「う」を用いず、「お」で表記する。

（例）大きい（おおきい）　氷（こおり）　十（とお）　通る（とおる）

4　次のような場合には、「え」を用いず、「い」で表記する。

（例）とけい（時計）　せいかつ（生活）

○送りがな

「歩かない」「歩きます」というように、後ろに続く語（この例では「ない」「ます」）に従《したが》って、**語の形が変化すること**（この例では「歩か」「歩き」）を、**「活用」**といいます。活用する語の中で、形の変わる部分（この例では「か」「き」）を**「活用語尾《ごび》」**、形の変わらない部分（この例では「歩《ある》」）を**「語幹《ごかん》」**といいます。

（例）動詞「動く」……うご（語幹）＋く（活用語尾）
形容詞「古い」……ふる（語幹）＋い（活用語尾）
形容動詞「正確だ」……せいかく（語幹）＋だ（活用語尾）

動詞・形容詞・形容動詞の活用と送りがなの関係には、次のような原則があります。

1　**動詞・形容詞・形容動詞を漢字で表記する場合、送りがなは活用語尾から送るのが原則である。**

2　**ただし、「新しい」「楽しい」など「しい」で終わる形容詞は「し」から、「静かだ」「和やかだ」「朗《ほが》らかだ」など「か」「やか」「らか」のつく形容動詞はその部分から送る。**

(例)　※——線部は活用語尾

動か／ない・動き／ます・動く・動け／ば・動こ／う（動詞）

古かろ／う・古かっ／た・古く・古い・古けれ／ば（形容詞）

新しかろ／う・新しかっ／た・新しく・新しい・新しけれ／ば（形容詞）

正確だろ／う・正確で・正確に・正確だ・正確なら／ば（形容動詞）

静かだろ／う・静かで・静かに・静かだ・静かなら／ば（形容動詞）

確《かく》認《にん》問《もん》題《だい》

解答242ページ

1 次の文中にかなづかいの誤《あやま》りが五つあります。文節単位でぬき出し、正しく書き直しましょう。

きょうは北海道のおぢさんが、五年ぶりに来られるというので、朝からみんなでへやのそおじをしたり、ごちそうを作ったりして、準備をしました。午後、兄と二人で、駅えむかえにいきました。しばらくして、列車は予定どうり着きました。他の乗客につずいて列車から降《お》りてきます。

2 次のことばをすべてひらがなで書きましょう。

①王子　②地震　③多い
④地図　⑤図画　⑥遠浅
⑦三日月　⑧地面　⑨悪知恵
⑩底力　⑪身近　⑫夕方
⑬小包　⑭湯飲み茶わん
⑮五十歩百歩　⑯遠い

参考

文節

「きょうはネ」「北海道のネ」と、「ネ」を付けて区切ることができる最小単位が「一文節」です。文法的に正しく定義すると「一文節＝一つの自立語（＋一つ以上の付属語）」となります。くわしくは、第2章の「10 品詞分類」であつかいます。

3 次のことばを、漢字二字とひらがなを使って書きましょう。

①とりかこむ
②つけたす
③うつりかわり
④まちどおしい
⑤おちば
⑥いきもの
⑦いりえ
⑧おしえご
⑨ききぐるしい
⑩あめあがり
⑪ながびく
⑫あゆみより
⑬うしろすがた

4 次の漢字の訓読みを、必要なら送りがなをつけて、それぞれ三通りずつ書きましょう。

①冷
②交
③明

2 国語辞書の使い方

○国語辞書の使い方

国語辞書の見出し語の順番は、「三つの原則」によって決まります。

●原則1　五十音順に並《なら》んでいる。第一音が同じ場合には第二音、第二音が同じ場合には第三音が五十音順に並べられる。

●原則2　清音《せいおん》よりも濁《だく》音が後、濁音よりも半濁音が後。

●原則3　「つ・や・ゆ・よ」よりも「っ・ゃ・ゅ・ょ」が後に来る。

○漢和辞典の引き方

漢和辞典は、**「部首索引《さくいん》」「音訓索引」「総画《そうかく》索引」**で調べます。

参考

清音・濁音・半濁音

「は行」を例にとるなら、「はひふへほ」を清音、「ばびぶべぼ」を濁音、「ぱぴぷぺぽ」を半濁音といいます。

1 例えば、「催」という字の読み方を調べたければ、漢和辞典は漢字を部首ごとに分類して並べていますから、「にんべん」の部を調べます。このとき、「にんべん」の部の始まりのページを教えてくれるのが、**部首索引**です。部首索引を使うとき必要なのは、その漢字の部首をのぞいた画数です。「催」は「にんべん」をのぞくと十一画。漢和辞典では部首の同じものは画数順に並んでいるので、同じ「にんべん」の漢字の中でも後の方にのっていることがわかります。

2 収録《しゅうろく》されている漢字の音読みと訓読みを五十音順に並べたのが**音訓索引**、収録されている漢字を総画数の順に並べたのが**総画索引**です。これらを使うと、調べたい漢字がのっているページを直接知ることができます。

3 熟語《じゅくご》の読み方や意味を漢和辞典で調べる場合には、その熟語の先頭の文字を引きましょう。この先頭の文字のことを**親字**《おやじ》と言います。

参考

「催」

ちなみに「催」の読み方は、音読みが「サイ」、訓読みが「もよお（す）」です。

確《かく》認《にん》問《もん》題《だい》

解答243ページ

1 **次のことばを国語辞書で調べると、どのような順番でのっていますか。のっている順番に記号で答えましょう。**

①**ア** びょういん　**イ** びょうにん　**ウ** ひよう
エ ひょう　**オ** びょういん

②**ア** こうとう　**イ** ごうとう　**ウ** こうどう
エ ごうどう　**オ** こうど

2 **国語辞書では、活用のある語を引く場合には、「言いきりの形」で引くのが原則です。次のことばを「言いきりの形」に直しましょう。**

①新しく　②覚めた
③投げろ　④下がり
⑤打て　⑥かぶった
⑦起きた　⑧通し
⑨走ろう　⑩細かく

3 漢和辞典で、次の熟語《じゅくご》の「読み方」と「意味」を調べるとき、どの部首を見たらよいですか。あとのア～コから選びましょう。

①屈折　②都合

③順延　④再会

⑤肝要　⑥盟友

⑦児童　⑧独演

⑨段階　⑩別途

ア　しかばね　**イ**　けものへん

ウ　ひとあし　**エ**　るまた（ほこづくり）

オ　にくづき　**カ**　さら

キ　りっとう　**ク**　おおざと

ケ　けいがまえ（どうがまえ）

コ　おおがい

参考

熟語の引き方

熟語を漢和辞典で調べる場合は、その熟語の先頭の文字（親字《おやじ》）を引きます。

3 熟《じゅく》語《ご》の読み方と漢字の成り立ち

○漢字の読み方の原則

漢字には**音読み**と**訓読み**があり、それぞれ、次のような原則がありま す。

●原則1　音読みの漢字　中国伝来の漢字に、中国式の発音をまねた発音をあてはめたものなので、その漢字一字の発音を聞いただけでは、意味がわかりづらい。

●原則2　訓読みの漢字　中国伝来の漢字に、もともと日本で使われていた発音をあてはめたものなので、その漢字一字の発音を聞いただけでも、おおむね意味がわかる。

○二字熟語《じゅくご》の読み方

漢字の読み方には音読みと訓読みがありますので、二字熟語の読み方は、以下の四通りとなります。

①音・音読み （例）存在《そんざい》・現象《げんしょう》・相談・賃借《ちんしゃく》・読書・漢字

②訓・訓読み （例）物置・書留《かきとめ》・米俵《こめだわら》・星空・朝日・手先

③音・訓読み（重箱《じゅうばこ》読み） （例）仕事・素足《すあし》・出立《しゅったつ》・本場・味方・番組

④訓・音読み（湯桶《ゆとう》読み） （例）手本・夕刊・消印・指図《さしず》・身分・場所

○例外的な読み方

音読み・訓読みの原則からすると、わかりにくい例を挙げます。

例題：次の熟語は、音・音読み、訓・訓読み、重箱読み（音・訓読み）、湯桶読み（訓・音読み）のうち、どれが当てはまりますか。

1　王様　2　野原　3　茶畑　4　荷物

5　絵本　6　役場　7　肉屋

●例外1　音読みとまちがえやすいが、実は訓読みの漢字

例えば、7の「肉屋」の**「屋」**は、「や」と聞いてもすぐにはわからないので、原則に従《したが》えば音読みになりそうですが、実は訓読みです。「屋」にはもう一つ「オク」という読み方があり、こちらが音読みです。2の**「野」**は、「の」が訓読み、「ヤ」が音読みです。4の**「荷」**は「に」が訓で「カ」が音、6の**「場」**は「ば」が訓で「ジョウ」が音です。

●例外2　訓読みとまちがえやすいが、実は音読みの漢字

その漢字一字の発音を聞いただけで意味がわかるのに、音読みだという場合もあります。1の**王**（オウ）、3の**茶**（チャ）、6の**役**（ヤク）、7の**肉**（ニク）は全て音読みで、これらの漢字には音読みしかありません。

参考

例題の解答

1＝重箱読み。
2＝訓・訓読み。
3＝重箱読み。
4＝湯桶読み。
5＝音・音読み。
6＝重箱読み。
7＝重箱読み。

5の**「絵本」**は要注意で、実は「エ」も「ホン」も音読みです。「絵」は「カイ」も音読み。「本」の訓読みは「もと」です。

●例外3　二重読みができる熟語

ごくまれに、「音・音読み」もできるし「訓・訓読み」もできる、二重読みのできる熟語があります。「音・音読み」する場合と「訓・訓読み」する場合とで、微妙《びみょう》にニュアンスが変わることもあります。

(例) 父母（フボ・ちちはは）
上下（ジョウゲ・うえした）
音色（オンショク・ねいろ）
草木（ソウモク・くさき）

確《かく》認《にん》問《もん》題《だい》

解答 244ページ

1 次の漢字のそれぞれの読みが音読みか訓読みかを答えましょう。

①間（ま）　②服（ふく）
③身（み）　④肉（にく）
⑤代（よ）　⑥枚（まい）
⑦番（ばん）　⑧茶（ちゃ）
⑨値（ね）　⑩毒（どく）

2 次の熟語《じゅくご》はそれぞれア「音・音読み」イ「訓・訓読み」ウ「重箱《じゅうばこ》読み」エ「湯桶《ゆとう》読み」のどれに当たりますか。

①朝日　②素足　③貸借　④消印
⑤書留　⑥存在　⑦手先　⑧印象
⑨物置　⑩王様　⑪読書　⑫味方
⑬本場　⑭指図　⑮星空　⑯台所
⑰相談　⑱米俵　⑲夕刊　⑳漢字

3 次の漢字の読みがなを書きましょう。

①絵筆 ②布地 ③宿場
④後手 ⑤急場 ⑥気心
⑦素顔 ⑧反物 ⑨頭取
⑩人質 ⑪野天 ⑫指図
⑬組曲 ⑭上役 ⑮厚地
⑯合図 ⑰納屋 ⑱海原
⑲笑顔 ⑳女神 ㉑神楽
㉒若人 ㉓八百屋 ㉔砂利
㉕素人 ㉖師走 ㉗太刀
㉘最寄り ㉙仮病

4 熟語《じゅくご》の組み立て

◯二字熟語《じゅくご》の組み立て

1 □↓□ 上が下を修飾《しゅうしょく》する

（例）黒板（黒い板）、異国《いこく》（異なる国）、病人（病んだ人）

2 □↑□ 下の漢字に「〜を、〜に」などをつけ、下から上へ読む

（例）造花（花を作る）、着席（席に着く）、納品《のうひん》（品を納《おさ》める）

3 ◯＝◯ 似た意味の漢字どうし

（例）生産（生＝産）、表現（表＝現）、思想（思＝想）

4 ◯↕● 反対の意味の漢字どうし

（例）異同（異↕同）、興亡《こうぼう》（興↕亡）、進退《しんたい》（進↕退）

5 □が□ 上が主語・下が述語

（例）日没《にちぼつ》（日が没《ぼっ》する）・国営（国が営む）・人造（人が造る）

6　×□　上に打ち消しの「不・無・非・未」をつける
（例）不満、未満、非運、無実

7　□□　下に状態・性質の「的・性・然・化」をつける
（例）必然、悪化、公的、急性

8　□々　同じ字を重ねて強調
（例）色々、着々、堂々、様々、木々、諸々《もろもろ》

9　□…□…　長い熟語の省略
（例）入試（←入学試験）、高校（←高等学校）

10　字や組み立てに関係なくその語特有の意味をもつ
（例）光陰《こういん》＝年月の変化、矛盾《むじゅん》＝辻褄《つじつま》があわない
蛇足《だそく》＝余計なつけたし

○三字熟語の組み立て

1　□□■　二字熟語＋漢字一字　（例）記念品、手術室、読書家

2　■□□　漢字一字＋二字熟語　（例）食生活、別世界、反作用

3　×□□　打ち消し＋二字熟語　（例）未完成、不思議、無意味

4 □□□ 二字熟語＋状態・性質を表す接尾語《せつび》

（例）安全性・合理的・合法化・学習用

5 □・□・□ 三文字が対等に並《なら》ぶ

（例）松竹梅・天地人・衣食住・雪月花

○四字熟語の組み立て

1 □□□■ 三字熟語＋漢字一字 （例）立候補者《りっこうほ》・密《みつ》輸入《ゆにゅう》品

2 ■□□□ 漢字一字＋三字熟語 （例）大運動会・高年齢層《ねんれいそう》

3 □□↓□□ 上二字が下二字を修飾 （例）二重人格・社会問題

4 ○○●● 上二字と下二字が対応 （例）質疑《しつぎ》応答・利害得失

5 □・□・□・□ 四文字が対等に並ぶ （例）春夏秋冬・起承転結《きしょうてんけつ》

参考

雪月花

「せつげつか」または「せつげっか」と読み、日本の四季の美しさを代表するものとして、冬の雪、秋の月、春の花を並べた熟語です。意味の似ている四字熟語として、自然の美しい風物を表す「花鳥風月」があります。

確《かく》認《にん》問《もん》題《だい》

解答245ページ

1 次の二字熟語《じゅくご》にそれぞれ「不・無・非・未」のいずれかをつけ、三字熟語（⑩は四字熟語）を作りましょう。

①完成　②注意　③合法　④健全　⑤公開
⑥規則　⑦勉強　⑧用意　⑨理解　⑩民主的

2 次の①～⑦をそれぞれ用いて四字熟語を作るには、あとのア～キのどれとつなぎあわせればよいですか。

①自然　②一挙　③危機　④絶体
⑤針小　⑥異口　⑦自由

ア　棒大　**イ**　自在　**ウ**　保護　**エ**　同音
オ　一髪　**カ**　一動　**キ**　絶命

参考

危《き》機《き》一髪《いっぱつ》
「髪《かみ》の毛一本ほどのわずかなちがいで、危機におちいりそうな瀬戸際《せとぎわ》」という意味なので、「いっぱつ」は「一髪」です。「危機一発」はまちがいですから、注意しましょう。

絶体絶命《ぜったいぜつめい》
「絶体」も「絶命」も九星《きゅうせい》占《うらな》いでいう凶星《きょうせい》（わざわいや争いをもたらす星）の名前です。「絶対絶命」はまちがいですから、注意しましょう。

5 反対語と同義語

反対語・同義語は、試験では選択《せんたく》式で問われることも多いですが、主要なものは漢字で書けるようにしましょう。

○中級編の反対語

1 原則↕例外
2 原因↕結果
3 原料↕製品
4 直接↕間接
5 生産↕消費
6 建設↕破壊《はかい》
7 許可↕禁止
8 単純《たんじゅん》↕複雑
9 収入《しゅうにゅう》↕支出
10 精神↕肉体
11 理想↕現実
12 容易↕困難《こんなん》
13 勝利↕敗北
14 全体↕部分
15 全部↕一部

○上級編の反対語

1 積極↕消極
2 楽観↕悲観
3 主観↕客観
4 絶対↕相対
5 偶然《ぐうぜん》↕必然
6 需要《じゅよう》↕供給《きょうきゅう》
7 形式↕内容
8 義務↕権利《けんり》
9 具体↕抽象《ちゅうしょう》
10 感情↕理性

1 「積極」は自分からすすんで行うこと。反対は「消極」。
2 「楽観」は物事を前向きに明るくとらえること。反対は「悲観」。
3 「主観」はものを見る側で、「客観」は見られる側。もしくは、「主観」はひとりだけの見方や考えで、「客観」は人々の間で一致《いっち》する見方や考え。
4 「絶対」は、他と比較《ひかく》することができないもの。「相対」は、他との比較によって成り立つもの。
5 「偶然」は、たまたま起きること。「必然」は、必ず起きると決まっていること。
6 「需要」は商品を買いたいという欲求《よっきゅう》。「供給」は売るために商品を市場に出すこと。

7　「形式」は外から見たときの形。「内容」はその中味。

8　「義務」は、行わねばならないこと。「権利」は、行う自由をみとめられていること。

9　「具体」は、目に見える一つ一つの事物。「抽象」は、一つ一つの事物に共通する性質を引き出して、ひとまとめにしたもの。

10　「感情」は、喜怒哀楽《きどあいらく》のような心の動き。「理性」は筋道《すじみち》を立てて思考する頭の働き。

○主な同義語

1　短所・欠点　　2　長所・美点　　3　興味・関心

4　方法・手段《しゅだん》　　5　心配・不安　　6　体験・経験

7　著名《ちょめい》・有名　　8　主要・重要　　9　一生・終生《しゅうせい》

10　完全・無欠　　11　納得《なっとく》・承知《しょうち》　　12　原始・未開

13　立身・出世　　14　手紙・書面　　15　消息《しょうそく》・音信

※同義語は、意味が完全に一致《いっち》しているとは限らないので、注意が必要です。

確《かく》認《にん》問《もん》題《だい》

解答245ページ

1 **①〜⑮の熟語《じゅくご》の反対語を、あとの漢字を組み合わせて作りましょう。**

①近海　②延長《えんちょう》　③解散　④権利《けんり》　⑤上昇《じょうしょう》

⑥華美《かび》　⑦空想　⑧過去　⑨成功　⑩減少

⑪差別　⑫混乱《こんらん》　⑬原因　⑭損失　⑮加熱

義　増　平　集　秩　却　結　質

来　素　益　降　遠　敗　冷　縮

現　等　利　失　果　加　序　未

実　下　短　合　洋　務

参考

華美
はなやかで美しいこと。
ぜいたくなこと。

2 **次の熟語とよく似た意味の熟語を、それぞれア〜エから選びましょう。**

①日常　（**ア** 平素《へいそ》　**イ** 日時　**ウ** 日用　**エ** 非常）

②改良　（**ア** 良好　**イ** 革命《かくめい》　**ウ** 改善《かいぜん》　**エ** 改札）

③忠言《ちゅうげん》　（**ア** 宣言《せんげん》　**イ** 無言《むごん》　**ウ** 忠告　**エ** 忠実）

④修正　（**ア** 改正　**イ** 正直　**ウ** 厳正《げんせい》　**エ** 正確）

6 四字熟語《じゅくご》

四字熟語《じゅくご》は、まず読み方を覚えて、次に意味を頭に入れましょう。ふだんの生活の中で耳にしたとき、そのつど意味を調べるように心がけると、自然と覚えることができます。中国から伝わった故事成語《こじせいご》や、慣用句《かんようく》のように使われるものもあります。

○主要な四字熟語

以心伝心（いしんでんしん）＝何も言わずに気持ちが相手に伝わる

自画自賛（じがじさん）＝自分で自分をほめる

呉越同舟（ごえつどうしゅう）＝仲の悪いものどうしが一緒《いっしょ》になる

自業自得（じごうじとく）＝自分でしたことの報いを受ける

異口同音（いくどうおん）＝いっせいに同じことを言う

一朝一夕（いっちょういっせき）　＝短い間

我田引水（がでんいんすい）　＝自分の利益のためだけにする

臨機応変（りんきおうへん）　＝その場に応じた適当な処置《しょち》

八方美人（はっぽうびじん）　＝誰《だれ》に対しても愛想がいい

一挙両得（いっきょりょうとく）・

一石二鳥（いっせきにちょう）　＝一つで二つの利益を得る

単刀直入（たんとうちょくにゅう）　＝まず重要なことを切り出す

一日千秋（いちじつせんしゅう）　＝待ち遠しい

本末転倒（ほんまつてんとう）　＝大事なことと大事でないことをとりちがえる

大同小異（だいどうしょうい）　＝大体同じだが少し違《ちが》う

喜怒哀楽（きどあいらく）　＝人の感情のすべて

針小棒大（しんしょうぼうだい）　＝小さな事を大げさに言う

意気投合（いきとうごう）　＝互《たが》いに気が合い心が通じる

一心不乱（いっしんふらん）　＝何も考えず一つのことに集中する

花鳥風月（かちょうふうげつ）　＝自然の美しさ、風流さ

参考

一日千秋

「千秋」は千年という意味で、「一日千秋」は、一日が千年のように長く思われること。そのくらい待ちこがれている、強い思いを表現します。「一日三秋」ともいいます。

七転八起（しちてんはっき）＝何回失敗しても立ち向かう

言語道断（ごんごどうだん）＝言いようもなくひどい、とんでもない

十人十色（じゅうにんといろ）＝人の考えや好みは様々

馬耳東風（ばじとうふう）＝何を言われても感じない

半信半疑（はんしんはんぎ）＝うそか本当か信じられない

油断大敵（ゆだんたいてき）＝うっかり気をゆるすと大失敗

竜頭蛇尾（りゅうとうだび）＝初めは勢いよかったが尻《しり》すぼみ

付和雷同（ふわらいどう）＝自分の考えがなく、人の考えに軽々しく同調する

不言実行（ふげんじっこう）＝だまってやることをやる

無我夢中（むがむちゅう）＝我《われ》を忘《わす》れて何かに熱中する

参考

七転八起

「七転び八起き」と訓読みして使うことも多いです。

馬耳東風

ここちよい春風が馬の耳をふきぬけても、馬は何の感動も示さない、という、李白《りはく》の漢詩に登場する表現に由来しています。

付和雷同

「付和」も「雷同」も、自分の考えがなく、他人の考えに軽々しく従《したが》ってしまうことを意味します。「不和雷同」はまちがいですから、注意しましょう。

確《かく》認《にん》問《もん》題《だい》

解答246ページ

1 **次の四字熟語《じゅくご》の読み方をひらがなで答え、その意味をあとのア〜ケから選びましょう。**

①一日千秋　②自業自得　③鶏口牛後　④朝令暮改
⑤竜頭蛇尾　⑥山紫水明　⑦青天白日　⑧四面楚歌
⑨呉越同舟

ア　始めは勢いさかんで、終わりはふるわない様子
イ　大きな団体の下っぱより、小さな団体の長である方がよい
ウ　自分でしたことの報いを受ける
エ　助けがなく、周囲には敵《てき》や反対者しかいないこと
オ　命令することが始終改められ、一定しないこと
カ　後ろぐらいところがなく、世間に遠りょする必要がないこと
キ　山や川の景色が美しいこと
ク　仲の悪いものどうしが協力し合うこと
ケ　待ち遠しい

参考

鶏口牛後

「鶏口となるも牛後となるなかれ」の略。「鶏口」はにわとりのくち（くちばし）、「牛後」は牛の尻《しり》のことで、前者が小さな団体のリーダー、後者が大きな団体の中で低い地位にある者のたとえです。

7 同音異義語《いぎ》・同訓異義語

○**区別の難《むずか》しい「同音異義《いぎ》語」十五選**

1　タイショウ

対象（行為《こうい》の向けられる相手・目標）

対照（ちがいのはっきりした様子）　対称（算数の線対称・点対称）

2　カンシン

関心（興味）　感心（えらい・すばらしいと感じ入る）

歓心（人の心を喜ばせる）　寒心（ぞっとする）

3　イギ

意義（意味）　異義（ちがった意味）　異議（他人とちがった意見）

4　カイホウ

解放（とらわれていたものに自由を与《あた》える）　開放（広く人々が利用で

きるようにする）　快方（病気がよくなる）

5　キカン

機関（動力によって機械を運転するしくみ）　気管（人体の中の空気の通路）　器官（生物が生きていくための体のしくみ）

6　シジ

指示（さしず）　支持（賛成して援助《えんじょ》する）　師事（弟子として教わる）

7　キカイ

機械（動力によって動くしくみ）　器械（実験・測定・体操《たいそう》競技などの目的のために作られた道具）　機会（きっかけ・チャンス）

8　イドウ

移動（場所を動かすこと）　異動（会社や役所の中で、役職や仕事を入れかえること）　異同（ちがっているか同じであるか）

9　ツイキュウ

追求（ほしいものをどこまでも追い求める）　追究（どこまでも研究する）　追及（責任などを問いただし、他人を追いつめる）

10　ホショウ

保証（まちがいないとうけあう）　保障（危険《きけん》や障害《しょうがい》から守る）

11　ケントウ

見当（だいたいの見込《みこ》み）　検討（よく調べ、考えてみる）

12　ヤセイ

野性（自然に備わった本能）　野生（動植物が野山で育ち生きること）

13　シュウシュウ

収集（集めること）　収拾（さわぎなどをしずめ、まとめること）

14　セイサン

精算（金銭《きんせん》などを細かく計算すること）

清算（過去のことがらにきまりをつけること）　成算（成功の見込《みこ》み）

15　ショヨウ

所用（用事）　所要（必要なこと）

○区別の難しい「同訓異義語」十二選

1　オサメル

治める（国や地域に秩序《ちつじょ》をもたらす）　修める（学び習う）

納める（しまう・お金を払《はら》う）　収める（しまう・よい結果を得る）

2　ハカル

図る（～しようとする）　量る（はかり・ますで重さや容積をはかる）

測る（物差しで長さ・深さ・面積をはかる）

計る（時間・数量をはかる）

3　ツトメル

努める（事をなしとげようと力をつくす）　勤める（仕える）

務める（役割《やくわり》をはたす）

4　ウツス

移す（別の場所に動かす）

映す（光のはたらきで、水・鏡・スクリーンに物の姿《すがた》を現し出す）

写す（写真をとる・写生する・字や文章をそのまま書きとる）

5　アラワス

現す（それまで見えていなかった物のすがたが見えるようになる）

表す（言葉・表情などで表現する）　著す（本を書いて出版する）

6　トトノエル

整える（きちんとした状態にする）
調える（必要なものを全てそろえる）

7　キク

効く（ききめがある）　利く（目・耳・鼻などが十分なはたらきをする）

8　ノゾム

望む（ながめる）　臨む（会議などに出席する・海などに面する）

9　タツ

断つ（さえぎる・切りはなす）　絶つ（なくす・終わりにする）
裁つ（はさみで布や紙を切りはなす）　経つ（時が過ぎる）

10　キワメル

極める（これ以上はないという状態になる）　究める（研究しつくす）

11　マジル

混じる（まじりあって区別のつかなくなる場合）
交じる（まじりあっても一つ一つのものの区別がつく場合）

12　ツグ

次ぐ（～の次である）　継ぐ（うけつぐ）　接ぐ（つなぎあわせる）

確《かく》認《にん》問《もん》題《だい》

解答246ページ

1 次の各文の――線部を漢字に直しましょう。

①サイシンの注意をはらう
②競技場はカンセイに包まれた
③これは彼のカイシンの作だ
④サイダイもらさず点検する
⑤ごコウイに感謝します
⑥アンケートにカイトウする
⑦父のサイゴをみとる
⑧亡《な》き父のイシをつぎ、学者になる
⑨生命ホケンに入る
⑩ショキの目的を達する
⑪壁画《へきが》をセイサクする
⑫芸術作品をソウゾウする

2 次の各文のカタカナの部分を漢字と送りがなに直しましょう。

①前方不注意にヨル事故
②友人に入会をススメル
③決勝戦にヤブレル
④新入社員をトル
⑤仏様に花をソナエル
⑥たかし君を飼育委員にオス
⑦新しい職にツク
⑧本人にカワッテ説明する
⑨おしゃか様の教えをトク
⑩これはヤサシイ問題だ

8 ことわざ・慣用句《かんようく》・故事成語《こじせいご》

○ことわざ

「ことわざ」は、もともと「言葉の技」に由来するとされる、昔から言いならわされてきた短いひとまとまりの語句であり、**生活の知恵《ちえ》、人生の教訓、人間の弱点などを、たとえなどを使い、巧《たく》みに言い表したもの**です。

○慣用句《かんようく》

「慣用」とは「使い慣れた」という意味で、「慣用句」とは、**人々のあいだでいいならわされて「きまり文句」となった言葉**のことです。「鼻が高い」「耳が痛《いた》い」といった人体の一部を使ったものと、そうではないものに大別できます。

○故事成語《こじせいご》

「故事成語」は、**中国の古くからの言い伝え（故事）から生まれた言葉**です。ことわざ・慣用句は数が多いので、授業や読書や日常会話で出会うたびに覚えていくのがよいですが、故事成語は数が限られるので、以下のものは覚えておきましょう。四字熟語《じゅくご》として定着したものと、それ以外のものに大別できます。

○主要な「故事成語」十三選

1　四面楚歌（しめんそか）　楚の項羽《こうう》が漢の劉邦《りゅうほう》の軍に囲まれ、深夜、四面の漢軍の中からしきりに楚の歌がわきおこるのを聞いて、楚の民は漢軍に降伏《こうふく》したのかと思い嘆《なげ》いたという故事から、助けがなく、周囲を敵《てき》に囲まれていること。

2　温故知新（おんこちしん）　古いことの中に新しい価値《かち》を発見すること。

3　竜頭蛇尾（りゅうとうだび）　はじめは竜の頭のように意気さかんだ

が、終わりに近づくとヘビのしっぽのようにふるわなくなること。

4 **付和雷同（ふわらいどう）** しっかりした考えを持たず、人の意見にすぐ左右されること。

5 **呉越同舟（ごえつどうしゅう）** 戦争状態にあった呉の国と越の国の人でも、同じ船に乗り合わせて暴風雨にあえば、たがいに助け合うことになるというたとえ話から、仲の悪い者どうしが協力しあうこと。

6 **朝三暮四（ちょうさんぼし）** 猿《さる》にどんぐりを朝に三つ夕方に四つあげようとしたらおこったので、朝に四つ夕方に三つあげようと言ったら喜んだという故事から、人を口先でうまくだますこと。

7 **五十歩百歩（ごじっぽひゃっぽ）** 五十歩逃《に》げた者が百歩逃げた者を笑ったというたとえ話から、ともに大したことはない、本質的には同じだということ。

8 **矛盾（むじゅん）** どんな盾《たて》も破ることができる矛《ほこ》と、どんな矛も防ぐことができる盾を売ろうとした商人が、「その矛でその盾を突《つ》いたらどうなるか」と問われ、答えられなかったという故事から、前後のつじつまがあわないこと、また、ふたつのものが両立しないこと。

9 **他山の石（たざんのいし）**　よその山から出た石でも、宝石《ほうせき》をみがくのに役立つというたとえ話から、どんなつまらない他人の言動も、自分の人格を育てる助けになるということ。

10 **蛍雪の功（けいせつのこう）**　貧乏《びんぼう》で灯火の油が買えないため、蛍《ほたる》の光を集めて勉強したり、窓辺《まどべ》の雪明かりで読書をした人物がいたという故事から、苦労しながら学問をし、成果をおさめること。

11 **蛇足（だそく）**　酒を賭《か》け、蛇《へび》の絵をはやく描《か》き上げる競争をしたところ、早くできた者が得意になり、不必要な足までつけたしたため、酒をもらいそこねたという故事から、余計なつけたしのこと。

12 **杞憂（きゆう）**　昔、杞の国の人が、天地がくずれ落ちることをおそれ、夜もおちおち眠《ねむ》れなかったという故事から、いらぬ心配、とりこし苦労のこと。

13 **鶏口（けいこう）となるも牛後（ぎゅうご）となるなかれ**　小さな団体のリーダーになる方が、大きな団体の中で人に従《したが》っているよりもよいということ。

確《かく》認《にん》問《もん》題《だい》

解答248ページ

1 次の（　）にあてはまる言葉を入れ、慣用句《かんようく》を完成させましょう。ただし、①〜⑮は人体の一部分、⑯〜㉚は人体以外のものが入ります。

①（　）をなでおろす＝ほっと安心する。
②（　）が低い＝他人に対してへりくだった態度をとる。
③（　）を長くする＝待ちこがれる。
④（　）が下がる＝感心して自然にうやまう気持ちになる。
⑤（　）が折れる＝困難《こんなん》である。努力を要する。
⑥（　）をくわえる＝何もせず、ただうらやましがっている。
⑦（　）が鳴る＝自分の実力を見せたがって張り切る様子。
⑧（　）に手を置く＝よく考えてみる。
⑨（　）を冷やす＝ひやひやする。おどろき、おそれる。
⑩（　）に火をともす＝けんやくした生活をおくる。
⑪ 人を（　）で使う＝いばった態度で人に指図する。

⑫（　）で茶をわかす＝おかしくてたまらないこと。
⑬（　）を出す＝つかれきる。
⑭（　）をおしむ＝労苦をきらって仕事をなまける。
⑮（　）をかじる＝独立できないで、親に養われている。
⑯（　）に水＝いくら努力してもききめがない。
⑰（　）車を押《お》す＝無理を押し通す。
⑱（　）が知らせる＝なんとなく予感がする。
⑲（　）を持たせる＝勝利や手柄《てがら》を相手にゆずる。
⑳身を（　）にする＝苦労をいとわず、けんめいに働く。
㉑（　）にかける＝自らめんどうを見て大事に育てる。
㉒（　）を食う＝あわてる。
㉓（　）置く＝相手を自分よりすぐれた人として尊敬《そんけい》する。
㉔（　）をかみつぶしたよう＝不愉快《ふゆかい》そうな顔つき。
㉕（　）を割《わ》ったよう＝物事にこだわらないさっぱりした性格。
㉖（　）の持ちぐされ＝すぐれた物や才能を活用しないことのたとえ。
㉗（　）が合う＝気が合う。

㉘（　）のともし火＝今にも終わりになりそうな様子。
㉙けがの（　）＝誤《あやま》ってしたことが、思いがけなくよい結果をもたらす。
㉚渡《わた》りに（　）＝困《こま》っているときに、都合のよい条件が与《あた》えられる。

参考
情けは人のためならず
「情けをかけると当人《とうにん》のためにならない」と解釈《かいしゃく》するのはまちがいですので、注意しましょう。

2 次のことわざ・故事成語《こじせいご》の意味をあとのア〜ソから選びましょう。

①朱《しゅ》にまじわれば赤くなる
②灯台下暗《もと》し
③長いものには巻《ま》かれろ
④雨降《ふ》って地固まる
⑤案ずるより産むがやすし
⑥情《なさ》けは人のためならず
⑦紺屋《こうや》の白袴《しろばかま》
⑧となりの花はあかい
⑨船頭多くして船山にのぼる
⑩雨だれ石をうがつ
⑪五十歩百歩
⑫他山の石
⑬四面楚歌《そか》
⑭矛盾《むじゅん》
⑮蛇足《だそく》

ア　もめごとの起こったあとは、かえって安定し、物事がうまくいく。
イ　他人のためにいそがしくしていて、自分のことをするひまがない。

ウ　少しのちがいで、大差のないこと。

エ　余計なつけたし。

オ　人はつきあう友達の影響《えいきょう》でよくなったり悪くなったりする。

カ　他人のつまらない言行でも、自分の才能や人格をみがくための反省の材料とすることができる。

キ　物事はいざ実行してみると、案外うまくいくものである。

ク　根気よく努力すれば、どんなことでもなしとげられる。

ケ　力のあるものにはさからわず、したがっておいた方が得である。

コ　他人のものは何でもよくみえる。

サ　指図する人が多いと物事にまとまりがつかず、おかしなことになる。

シ　自分のこと、身近なことにはかえって気が付かない。

ス　前後のつじつまがあわないこと。

セ　他人に親切にすると、いつかは自分によいむくいがかえってくる。

ソ　助けがなく、周囲が敵《てき》や反対者ばかりである。

9 文・文型・文の組み立て・主語と述語・修飾語《しゅうしょく》と被《ひ》修飾語

○**文・文型・文の組み立て**

(1) 句点の次から句点までの言葉の一まとまりを**文**という。

(2) 文は述語のタイプのちがいから三つの**文型**に分けることができる。

A **何が―どうする** (例) 車が走る。父は茶の間にいる。彼は笑わない。

B **何が―どんなだ** (例) 紅葉《こうよう》が美しい。海がおだやかだ。

C **何が―なんだ** (例) 私は中学生だ。君に足りないのは努力だ。

(3) 文は**組み立て**のちがいから次の三種類に分けることができる。

A **単文** 一組の主語・述語をふくむ文。

（例）今年は寒い年です。　彼は席を立った。

B　重文　二組以上の主語・述語をふくみ、これらの主語・述語が互《たが》いに対等の関係にあるもの。

（例）兄は今年高校生で、弟はやっと中学生です。

C　複文　二組以上の主語・述語をふくみ、文の中心になる主語・述語と、そうでない主語・述語に分かれるもの。

（例）北風が冷たく吹《ふ》く　冬がとうとう始まった。

○主語・述語の識別

文の主語と述語を見つける問題は、文法問題の基本中の基本です。ただ、「は・が・も・こそが付いているものが主語」と機械的に対処《たいしょ》してしまうと、例えば「そうじは／私／やります。」という文で、「そうじは」が主語だとまちがえかねません。この文の主語は「私」です。

そこで、主語と述語を見つける問題は、次のように対処します。

（1）必ず述語から探《さが》す。　ほとんどの場合、述語は文末にあります。例外

参考

複文の主語・述語

複文が出題され、主語・述語を問われた場合は、中心となる主語・述語のみを答えます（複文の中の、複数の主語・述語を答えさせる問題であれば、必ず、そのことが明記されます）。上記の例文の主語・述語が問われた場合、主語は「冬が」、述語は「始まった」と答えます。

は、文が倒置《とうち》されている場合と、述語が省略されている場合です。
●倒置の例　元気になったよ、けがをしていたシロが。
●述語の省略の例　ねえ、玄関《げんかん》にお客様が…（いるよ）。

(2) 述語を見つけたら、その述語に「何が」「誰《だれ》が」をつけてみる。この「何が」「誰が」にあたるものを文中から探せば、主語が見つかります。

(3) 見つけたものが本当に主語であるかどうかを確かめる。「は・が・も・こそがつけば主語」という法則をここで使います。見つけたものに「は・が・も・こそ」をつけてみて、文の意味に大きな変化がなければ、それが文の主語であると確認《かくにん》できます。

(4) 主語—述語は文節の働き（文の成分）の名称《めいしょう》であるから、**答えるときは原則として一文節でぬき出す。**

参考
主語・述語は一文節？
主語も述語も基本的には一文節ですが、意味の弱い形式名詞（こと・もの・わけ・ところ・つもり・ため・ひと、など）は単独《たんどく》では主語になれないし、意味の弱い補助《ほじょ》動詞（ある・いる・くる・みる・おく・くれる・もらう、など）は単独では述語になれない、という考え方があります。この考え方だと、主語・述語が二文節以上になるケースがあることになります。本書はこの考え方に従《したが》い、例えば「おいしいものが待っていた。」の主語は「おいしい／ものが」、述語は

○文型の識別

文型の識別は、述語にふくまれる品詞《ひんし》のちがいに注目して行うと、まちがいがなくなります。

A　**「何が―どうする」**型の文は、**動詞**が述語にくる。
B　**「何が―どんなだ」**型の文は、**形容詞**か**形容動詞**が述語にくる。
C　**「何が―何だ」**型の文は、**名詞＋断定の助動詞「だ」（「です」）**が述語にくる。

したがって、文型を識別するためには、**「動詞」「形容詞」「形容動詞」「名詞＋断定の助動詞」の区別**ができればよいことになります。

これらの品詞の区別の仕方は、

●**動詞**は言いきりの形が**「う段」**で終わる。
●**形容詞**は言いきりの形が**「い」**で終わる。
●**形容動詞**は言いきりの形が**「だ」**で終わり、この「だ」を「な」に言

「待って／いた」で、それぞれ二文節ですが、これで正解としています。中学校ではこの問題を解決するため、二文節以上の主語を「主部」、二文節以上の述語を「述部」と呼びますが、小学校では「主部・述部」は使いません。気になるようでしたら、学校や塾《じゅく》の先生に「形式名詞は単独で主語に、補助動詞は単独で述語になると考えますか？」と質問してみて下さい。

いかえることができる。

●**名詞＋断定の助動詞「だ」**は、**形容動詞とまちがえない**ことが大切。

区別するポイントは二つ。

（1）名詞は、「は・が」をつけると文の主語になる。

（2）断定の助動詞「だ」は、形容動詞とはちがって、「な」に言いかえられない。

○単文・重文・複文の識別

次の各文は、単文・重文・複文のどれにあたるでしょうか。

ア　彼は、／まるで／オオカミのように／するどい／目つきで、／私を／にらんだ。

イ　健太は／しばかりに／いき、／花代は／洗《せん》たくに／いく。

ウ　兄が／貸して／くれた／本を／私は／むさぼるように／読んだ。

解法1　文末の述語に対応する主語を探す。

アの「にらんだ」に対応する主語は「彼は」です。イ「いく」の主語は「花代は」、ウ「読んだ」の主語は「私は」です。

解法2　1で見つけた以外に主語・述語の関係になっている文節がないかどうかを探す。

アは「彼は」「にらんだ」以外に主語・述語はありませんので、**アは単文**です。イでは、「花代は」「いく」以外に「健太は」「いき」が主語・述語になっています。ウでは「私は」「読んだ」以外に「兄が」「貸して／くれた」が主語・述語になっています。

解法3　主語・述語が二組以上ある文が、重文か複文か考える。

重文は、二つの文に分けることができ、しかもこの二つの部分の前後を入れかえても意味が変わりません。複文は、二文に分けたり前後を入れかえたりすると、意味が変わってしまいます。

イは「健太はしばかりにいく。」「花代は洗たくにいく。」と二文に分けることができますし、前後をいれかえて「花代は洗たくにいき、健太はしばかりいく。」としても、文の意味は変わりません。これは二つの主語・述語が対等なためで、このことは重文の特徴《とくちょう》となっています。したがってイは重文です。これに対してウは「兄が」「貸してくれた」がひとまとまりとなって、直後の「本」を修飾《しゅうしょく》しているため、二文に分けることも、前後をいれかえることもできません。したがってウは複文です。

注意1　複文に出てくる「の」に注意！

エ　洋二の／見た／かげは／おやしきに／住む／少女の／姿《すがた》だった。

この文では「かげは」「姿だった」の他に「洋二の」「見た」も主語・述語の関係になっています。二文に分けることも、前後の入れかえもできないため、複文です。

複文では「は・が・も・こそ」の他に「の」が主語を表すことがあります。このような「の」は、「が」に言いかえることができるので、見分けることは難《むずか》しくありません。なお単文や重文では、「の」が主語を表すことはありません。

注意2　複文には様々なパターンがある！

次のオ〜クは全て複文です。主語・述語が二組あり、意味を変えずに二文に分けたり、前後を入れかえたりできないことを、確認して下さい。

オ　彼が／落とした／財布が／見つかった。

カ　犬たちは／シカの／残していく／においを／すぐ／かぎつける。

キ　三十八度の／熱が／あったが、／広志は／ゲームを／続けた。

ク　洋二が／耳を／すますと、／確かに／歌声が／聞こえた。

○修飾・被《ひ》修飾の識別

(例)　昨日、／ぼくは／父と／裏《うら》の／せまい／空き地で／たいへん／楽しく／キャッチボールを／した。

この文の「昨日」「父と」「空き地で」「楽しく」「キャッチボールを」は、「した」に関して、「いつ」「誰と」「どこで」「どんなふうに」「何を」したのか説明しています。

また「裏の」「せまい」は、「空き地で」に関して、「どこの」「どんな」空き地なのかを説明しています。「たいへん」は、「楽しく」に関して、

「どれくらい」楽しかったのかを説明しています。

このとき、説明する文節（傍線部《ぼうせんぶ》）を**「修飾語」**、説明される文節（傍点部）を**「被修飾語」**といいます。

「昨日」「父と」（「した」を修飾）や「たいへん」（「楽しく」を修飾）のように、用言（動詞・形容詞・形容動詞）を修飾するものは**「連用修飾語」**といいます。

「裏の」「せまい」（「空き地で」を修飾）のように、体言《たいげん》（名詞）を修飾するのは**「連体修飾語」**といいます。

確《かく》認《にん》問《もん》題《だい》

解答249ページ

1 次の各文の主語と述語の関係は、ア「何が―どうする」、イ「何が―どんなだ」、ウ「何が―何だ」のどれにあたりますか。

①守と／弟の／かたわらで、／風に／なぶられた／コスモスが／ゆれる。

②依頼《いらい》人を／無事に／町まで／送り届《とど》ける／ことが／君の／役目だ。

③夜の／校舎の／静まりかえった／様子は／なんとも／不気味だ。

参考

単文・重文・複文の識別

述語に着目します。述語が一つしかない文は、単文です。述語が複数ふくまれている文は、重文か複文ですが、二組以上の主語・述語の関係が対等である重文は、すぐに識別できるでしょうから、それ以外はすべて複文ということになります。

2 次の各文は、ア「単文」、イ「重文」、ウ「複文」のうちどれにあたりますか。

①父は／自分の／部屋に／こもり、／母は／買い物に／でかけた。

②男が／生まれた／家は、／鎌倉《かまくら》の／海の／そばに／あった。

③その／日の／真夜中、／洋二は／そろりそろりと／階段《かいだん》を／のぼった。

④みちこが／家に／帰ると、／玄関《げんかん》に／見慣れない／男物の／靴《くつ》が／ならんで／いた。

10 品《ひん》詞《し》分類

○文節と単語／品詞《ひんし》／自立語と付属語

1　意味や発音が不自然にならない程度《ていど》に、文を短く区切ったものを、**文節**といいます。小さな子供《こども》がやるように、「……ネ……ネ」と文中に「ネ」をはさんでみて不自然でないところが文節の切れ目です。文法的に正確に定義するなら、**「一文節＝一つの自立語（＋一つ以上の付属語）」**となります。

（例）いつも笑わないあの人が、腹《はら》をかかえて笑った。
　↓いつもネ／笑わないネ／あのネ／人がネ／腹をネ／かかえてネ／笑ったヨ。

参考
文節の識別
「ネ」をはさむやりかたで、あらゆる文節を正確に識別するのは限界がありますので、ある程度品詞分類ができるようになったら、「一つの自立語（＋一つ以上の付属語）」で識別するようにして下さい。言いかえれば、「一つの文節には、二つ以上の自立語は入らない」ということですね。

2　文節をその働きにしたがって分類したものを**文の成分**といいます。文の成分には、**主語**・**述語**・**修飾語**《しゅうしょく》・**接続語**・**独立語**があります。

3　文節をさらに細かく区切った、「言葉の最小単位」を**単語**といいます。
(例)いつもネ／笑わ／ないネ／あのネ／人／がネ／腹／をネ／かかえ／てネ／笑っ／たヨ。(／は単語の切れ目、傍線《ぼうせん》は文節、ネは文節の切れ目。)

4　単語をその性質によって分類したものを**品詞**といい、十種類あります。十品詞中、単独で文節をつくることができるものを**自立語**、単独で文節をつくれず、自立語の後ろに続けて用いるものを**付属語**といいます。

自立語……名詞・動詞・形容詞・形容動詞・連体詞・副詞・接続詞・感動詞
付属語……助詞・助動詞

品詞の働きは、十品詞を五つのグループに分けて覚えましょう。

●第一グループ　主語の文節を作る自立語……名詞

活用のない自立語で、「は・が」をつけると主語になるのが**体言**《たいげん》です。品詞でいうと名詞がこれにあたります。

普通《ふつう》**名詞**…一般《いっぱん》の物の名前を表す（海・国・人間・本・野球・犬）

固有名詞…地名・人名など特定のものを表す（太平洋・イギリス・宮沢《みやざわ》賢治《けんじ》・『注文の多い料理店』・ポチ）

数詞…数・量・順序を表す（三人・五頭・百枚《まい》・第一号・いくつ）

形式名詞…形は名詞だが、もとの意味が薄《うす》い（こと・もの・ため）

代名詞…他の名詞のかわりに用いられる（これ・それ・あれ・どれ）

●第二グループ　述語の文節を作る自立語…動詞・形容詞・形容動詞

活用がある自立語で、単独でも述語をつくることができるものを**用言**《ようげん》といいます。品詞でいうと動詞・形容詞・形容動詞がこれにあたります。

動詞…動作・状態・存在を表し、言いきりの形がウ段《だん》で終わる
形容詞…性質や状態を表し、言いきりの形が「い」で終わる
形容動詞…性質や状態を表し、言いきりの形が「だ」で終わる

●第三グループ　修飾語の文節を作る自立語…連体詞・副詞

連体詞と副詞の識別は、小学生にとってつまずきの石となるところなので、よく出るものはそのまま覚えてしまいましょう。

連体詞…活用のない自立語で、体言（名詞）を修飾する文節をつくる。
（例）この・その・あの・どの・大きな・小さな・おかしな・あらゆる・ある・ばかげた・たいした

副詞…活用のない自立語で、主に用言を修飾する文節をつくる。
A 「状態の副詞」は「どのように」を表す。擬声《ぎせい》語・擬態《ぎたい》語は全て状態の副詞に分類される。
（例）ゆっくりと（歩く）・こっそりと（話す）・はっきり（聞く）

さらさら（流れる）・ひらひらと（散る）・のろのろ（歩く）

B 「程度の副詞」は「どれくらいか」を表す。

（例）とても（小さい）・かなり（大きい）・少し（足りない）
もっと（ほしい）・ずっと（よい）・きわめて（難《むずか》しい）

C 「呼応《こおう》の副詞」の後には必ず決まった言葉が来る。

（例）全く（～ない）・けっして（～ない）・まるで（～ようだ）
もし（～なら）・たとえ（～ても）・なぜ（～か）
たぶん（～だろう）・きっと（～だろう）・まさか（～あるまい）

注意A　連体詞と副詞は、修飾する語句で見分ける！

例題：次の中から連体詞を一つ選びましょう。残りは全て副詞です。

ア　のんびり　イ　ずいぶん　ウ　たいした　エ　なかなか

連体詞と副詞を見分けるには、修飾する語句を考えます。アは「過ごす」（動詞）、イは「遅《おそ》い」（形容詞）、エは「りっぱだ」（形容動詞）などの用言を修飾するから、全て副詞です。ウは「ものだ」「量ではない」など体言（名詞）を修飾するから、連体詞です。

参考

「ゆっくり」と「ゆっくりと」

「ゆっくり」と同じく、「ゆっくりと」も、一単語の副詞と考えます（副詞「ゆっくり」＋助詞「と」とは考えません）。「こっそり」「こっそりと」「はっきり」「はっきりと」「さらさら」「さらさらと」「ひらひら」「ひらひらと」「のろのろ」「のろのろと」も同様で、いずれも一単語の副詞です。

注意B　修飾語の文節を作る形容詞や形容動詞にまどわされないこと！

例題：次の傍線部の中から、連体詞と副詞を一つずつ選びましょう。

ア　あたたかい日だ。　イ　みごとな桜だ。　ウ　この人だ。

エ　弟の本だ。　オ　つらくなる。　カ　不思議に思う。

キ　すっきりする。　ク　大人になる。

ア〜エは体言を修飾しています。アは言いきりの形が「あたたかい」で形容詞、イは「みごとだ」で形容動詞、エは名詞「弟」＋助詞「の」。「体言を修飾する活用のない自立語」という連体詞の条件を満たすのはウ。

オ〜クは用言を修飾しています。オは言いきりの形が「つらい」で形容詞、カは「不思議だ」で形容動詞、クは名詞「大人」＋助詞「に」。「用言を修飾する活用のない自立語」という副詞の条件を満たすのはキ。

注意C　「これ」は代名詞、「この」は連体詞！

「こそあど言葉」の中で、「これ・それ・あれ・どれ」「ここ・そこ・あそこ・どこ」は「は」「が」をつけると文の主語となるから、名詞（代名詞）です。「この・その・あの・どの」は体言を修飾するから（この家、その人…）、連体詞です。

注意D 「大きな」「小さな」は形容詞でも形容動詞でもなく連体詞！

例題：次のア〜エの中で性質の異《こと》なるものを一つずつ選びましょう。

1　ア　不思議な　イ　大きな　ウ　スマートな　エ　きれいな

2　ア　少ない　イ　多い　ウ　小さな　エ　大きい

1のア・ウ・エは言いきりの形が「不思議だ」「スマートだ」「きれいだ」となり形容動詞ですが、イは「大きだ」となってしまいます。

2のア・イ・エはみな形容詞です。ではウの「小さな」はどうでしょう。形容詞「小さい」を活用させると、「小さかろ（う）・小さかっ（た）・小さく（なる）・小さい（。）・小さい（もの）・小さけれ（ば）」となり、形容詞の活用形の中に「〜な」となるものはありません。

正解は1がイ、2がウです。「大きな」「小さな」は形容詞「大きい」「小さい」の活用形ではないのですね。それらは活用がなく、体言の修飾にのみ用いられる、連体詞なのです。

参考

外来語の形容動詞

外来語は名詞だけでなく、「スマートだ」のように、形容動詞にも多く存在します。名詞＋「だ」なのか、形容動詞なのか、識別が難しそうですが、対応は原則通りです。例えば「あの服装《ふくそう》はカジュアルだ。」の傍線《ぼうせん》部の品詞分類が問われた場合、（1）「〜は・が」をつけて主語になるなら名詞、（2）「だ」を「な」に言いかえられれば形容動詞です。（1）「カジュアルは〜」という言い方が成り立たず、（2）「カジュアルな服装」と「な」への言いかえができますから、

●第四グループ　接続語・独立語の文節を作る自立語…接続詞・感動詞

接続詞…活用しない自立語で、接続語の文節をつくる。

（例）しかし・だが・けれども（逆接）

だから・それで・すると（順接）　また（並立《へいりつ》）

そして・しかも（添加《てんか》）　つまり・すなわち（換言《かんげん》）

あるいは・または（選択《せんたく》）　むしろ（対比）　なぜなら（説明）

ただし（補足《ほそく》）　たとえば（例示）

ところで・では・さて（転換《てんかん》）

感動詞…活用しない自立語で、独立語の文節をつくる。

（例）まあ（感動）　ねえ（呼《よ》びかけ）　はい（応答）

こんにちは（あいさつ）

●第五グループ　付属語……助動詞・助詞

付属語の中で、活用するのが助動詞、活用しないのが助詞です。

答えは「カジュアルだ」という形容動詞です。ちなみに、「カジュアル」は「ふだんの、くだけた」という意味で、反対語は「公式の、格式《かくしき》ばった」という意味の「フォーマル」です。

主な助動詞　（　）内は助動詞が表す意味

れる・られる（受け身など）　らしい（推定《すいてい》）　そうだ（伝聞・様態）

ようだ（不確かな断定など）　だ・です（断定）　た・だ（過去など）

ない（打ち消し）　う・よう（意志・推量）　ます（丁寧《ていねい》）

主な助詞　助詞は四種類に分類されます。助詞の種類の区別は、くわしくは中学校で学習します。今は、大まかなイメージを持ってもらえれば良いでしょう。

格助詞…主に体言につき、後の語句との関係を示す。

(例) 本を読む。バスに乗る。部屋から出る。花より団子。父や母。
学校へ行く。〜と言う。ぼくのもの。桜が咲《さ》く。筆で書く。

接続助詞…用言や助動詞につき、前後のつながりを示す。

(例) 訪《たず》ねたが会えない。急いだけれど間に合わない。
難しいのにできる。くさってもたい。雨が降《ふ》るので中止する。

雨が降るから中止する。雨が降れば中止する。雨が降ってくる。
明日になるとわかる。

副助詞…強調したり限定したり、なんらかの意味をつけ加える。
(例) 明日にはできる。君もやるか。君の方こそ悪い。
親さえ見捨《みす》てた。君まで笑うのか。私しか知らない。
君だけ残った。一月ほどかかる。

終助詞…文末につき、疑問《ぎもん》・感動・禁止など話し手の態度を示す。
(例) なぜ泣くのか。誰《だれ》のものかしら。きれいな花だな。
ごみを捨てるな。りっぱですね。これはすごいぞ。
誰も知らないの。大丈夫《だいじょうぶ》だとも。

注意A　助動詞と助詞は文が終わるかどうかで区別　終助詞は例外!
助動詞と助詞の一番のちがいは活用の有無ですが、まだ助動詞の活用をくわしく学習していない小学生には、識別の決め手にはしづらいですね。

そこで、**助動詞で文を終えることはできるが、終助詞をのぞく助動詞では文は終わらない**ことに注目します。したがって、主要な終助詞を頭に入れ（特徴《とくちょう》的だし数も少ない）、助動詞と混同しないようにしておけばよいでしょう。

注意B　接続詞と接続助詞は自立語か付属語かで区別する！

ア　確かに／弟は／ひどい／ことを／する。／けれど／悪気は／ないのです。

イ　確かに／弟は／ひどい／ことを／するけれど、／悪気は／ないのです。

アとイの「けれど」はどちらも「逆接」の関係を表しますが、品詞が異なります。アは自立語で、単独で接続語の文節をつくる接続詞です。イは「する」という自立語（動詞）の後につく付属語で、接続助詞です。

確《かく》認《にん》問《もん》題《だい》

解答249ページ

1 次の文の——線部①～⑳の品詞《ひんし》名をあとのア～オから選びましょう。同じ記号を何度使ってもかまいません。

①あれはいつのことだったか。②ある日③にぎやかな町中で④いわゆる「竹馬の友」に⑤ばったり出会った。⑥とても⑦なつかしく思ったので、⑧大きな声で呼《よ》びかけたが、こちらは昔とは⑨すっかり変わって⑩ずいぶん太っていたし、着ている物も⑪はでになっているので、相手は⑫なかなか気が付かず、⑬きょろきょろと見回すばかり。⑭急なことにおどろいたときの、⑮まるでハトが豆鉄《まめでっ》砲《ぽう》を食ったような様子は、⑯あのころと⑰全く変わらない。⑱おかしなものだと⑲しみじみ思った。近くの酒場に入り、⑳ゆっくりと飲み交わした。

ア 代名詞　**イ** 形容詞　**ウ** 形容動詞
エ 連体詞　**オ** 副詞

11 助動詞《じょどうし》・助詞

○よく出題される助動詞《じょどうし》・九選

解説に続く例題で、例文の助動詞と同じ用法のものを、後のア～エから選びましょう。

1 「れる・られる」　「受け身・自発・可能・尊敬《そんけい》」のうち、どの意味かを見分けます。「受け身」とは「自分以外の人・物から何かをされる」こと。「自発」は「自然に～になる」という意味で、主に「思い出す」「しのぶ」「案じる」などの動詞の後につきます。「可能」は「～できる」という意味。「尊敬」は主語が目上の人である場合に用いられます。

例題：父にひどくしかられる。

ア　駅までは五分で行かれる。　イ　子供《こども》のころが思い出される。

ウ　先生が言われる通りです。　エ　名前を呼《よ》ばれるまで待て。

解答：例文は「自分以外の人（父）から、しかることをされる」ということなので、受け身です。アは可能、イは自発、ウは尊敬で、答えはエ。

参考

「する」＋「ぬ」＝「せぬ」

「しない」の「ない」を「ぬ」でいいかえると、「しぬ」ではなく「せぬ」となりますので、注意しましょう。

2 「ない」

「ぬ」でいいかえて不自然でなければ**「打ち消し」の助動詞**、不自然な場合は**形容詞**です。

例題：算数の問題がどうしても解けない。

ア　問題そのものは難《むずか》しくない。　イ　彼のやりかたはきたない。

ウ　何もしない間に時間が経つ。　エ　0点でも不思議ではない。

解答：例文は、「解けぬ」といいかえられるので助動詞です。ア・エは形容詞の「ない」、イは形容詞「きたない」の一部で、答えはウ。

3 「そうだ」「伝聞・様態」のどちらの意味かを見分けます。「〜という話だ」という意味なら「伝聞」、「〜そうな様子だ」という意味なら「様態」です。

例題：明日は雨になるそうだ。

ア 商売はうまくいきそうだ。　**イ** 一時間遅《おく》れで到着《とうちゃく》するそうだ。

ウ それでは娘《むすめ》がかわいそうだ。　**エ** 意外と早くなくなりそうだ。

解答：例文は、天気予報か何かで聞いた情報を伝達していますから、伝聞。ア・エは様態で、ウは形容動詞「かわいそうだ」の一部。答えはイ。

4 「ようだ」「推定《すいてい》・たとえ・例示」のうちどの意味かを見分けます。上に「どうやら」をつけてみて意味が通じれば「推定」、「まるで」がつけば「たとえ」、「例えば」がつけば「例示」です。

例題：次郎《じろう》さんのような人がいてくれれば、われわれも安心です。

ア 夏目漱石《そうせき》のようなすぐれた小説家はなかなか現れない。

イ おいつめられた彼女は、なにか重大な決心をしたようだ。

ウ 彼の言葉はまるでぬけないとげのように私の心に残りつづけた。

エ 部屋の中に山のように積まれた本の量に圧倒《あっとう》される。

解答：例文は「例えば」がつけられるので例示。イは「どうやら」がつき推定。ウ・エは「まるで」がつくのでたとえ。答えはア。

5 「らしい」 上に「どうやら」をつけて意味が通じれば**「推定」の助動詞**、上に「いかにも」をつけて意味が通じれば「～にふさわしい」「～っぽい」という意味の**形容詞の一部**です。

例題：代助はひとりで帰ったらしい。

ア 笑う様子がとてもかわいらしい。

イ 子供らしい言葉づかい。

ウ　彼が秘密をもらしたらしい。
エ　やりかたがいかにも君らしい。

解答：例文は「どうやら」がつけられる「推定」。イは上に「いかにも」がつけられるので形容詞「子供らしい」の一部、エは同様に形容詞「君らしい」の一部。アは形容詞「かわいらしい」の一部。答えはウ。

6「だ」「な」にいいかえて不自然でなければ**形容動詞**。不自然なら、**名詞＋「断定」の助動詞**か、**動詞＋「過去」の助動詞**です。

例題：本人に決めさせるのが一番だ。
ア　ひとりでやるのは大変だ。　イ　それはよいアイデアだ。
ウ　石につまずいて転んだ。　エ　彼女はデリケートだ。

解答：例文は「一番な」は不自然なので、名詞＋断定の助動詞。アは「大変な」、エは「デリケートな」といいかえられる形容動詞。ウは動詞「転ぶ」＋過去の助動詞。答えはイ。

7 「た」「過去・完了《かんりょう》・存続《そんぞく》」のうちどの意味かを見分けます。「～ている」「～てある」にいいかえられれば「存続」です。

例題：開いた窓《まど》の向こうに、美しい景色が広がっている。

ア 白くぬられたベンチに腰《こし》をおろす。　**イ** 今終わったばかりです。

ウ 笑った後に突然《とつぜん》泣き出す。　**エ** 昨日言ったことは取り消すよ。

解答：例文は「開いている」にいいかえ可能なので「存続」。アは、「白くぬられている」といいかえ可能なので存続。イは「今～し終わったところ」という意味なので完了。ウ・エは過去。答えはア。

8 「う・よう」「推量・意志・勧誘《かんゆう》」のうち、どの意味かを見分けます。

「推量」なら「～だろう」、「意志」なら「～しよう」、「勧誘」なら「いっしょに～しょう」という意味になります。

例題：パーティーはさぞ楽しかろう。

ア　そこまでいっしょに行こう。　**イ**　今日こそ彼にはっきり言おう。

ウ　断ろうとしたがむだだった。　**エ**　明日は一日中雨になろう。

解答：例文は「楽しいだろう」という意味で推量。アは勧誘、イ・ウは意志。エは「雨になるだろう」という意味で推量。答えはエ。

9「まい」「打ち消し推量・打ち消し意志」のうち、どちらの意味かを見分けます。「打ち消し推量」なら「～ないだろう」、「打ち消し意志」は「～しないようにしよう」にいいかえ可能です。

例題：彼は何があってもけっしてあきらめまい。

ア　彼女にはもう二度と会うまい。　**イ**　そんなことはあるまい。

ウ　人のことは笑うまい。

エ　彼は泣くまいとして歯をくいしばった。

解答：例文は「彼は～あきらめないだろう」で打ち消し推量。ア・ウ・エはみな「～しないようにしよう」にいいかえ可能で、打ち消し意志。イは「そんなことはないだろう」という打ち消し推量。答えはイ。

○よく出題される助詞・六選

解説に続く例題で、例文それぞれの助詞と同じ用法のものを、後のものから一つずつ選びましょう。

1「の」　①**主語**を示す。「**が**」にいいかえ可能。　②**連体修飾語**《しゅうしょく》を示す。

「名詞＋の＋名詞」の形をとることが多い。　③「**もの**」「**こと**」「**ところ**」**の代わり**に用いる。

例題：①春の来る日は近い。　②春のおとずれを待ちかねる。

③春が来るのが待ち遠しい。
ア 兄の本を借りる。　**イ** 口が悪いのが欠点だ。
ウ 兄のくれた本はこれだ。

解答：①＝ウ「春が来る」「兄がくれた」といいかえられる。②＝ア「春の」は「おとずれ」を「兄の」は「本」を修飾する。③＝イ「春がくること」「口が悪いこと」といいかえられる。

2「か」 ①疑問《ぎもん》。②反語。後に「いや～ない」が省略されている。
③深く心に感じている様子。④不確実なもの。⑤どちらかの選択《せんたく》。

例題：①私を呼びましたか。②そんなことが許されてよいのか。
③夕日とはこんなに美しいものなのか。④なにか食べたい。
⑤そばかうどんが食べたい。
ア 誰《だれ》かいないの。　**イ** これがあの有名な天橋立《あまのはしだて》か。
ウ 誰が言ったのか。　**エ** これが笑わずにいられようか。

参考
反語
反語とは、自分の言いたいことを強調するために、わざと反対のことを、疑問形で言うものです。例題で言うと、「そんなことは許されない」と言いたいので、わざと「許される」を疑問形にして「そんなことが許されてよいのか」とし、「これは笑うしかない」と言いたいので、わざと「笑わない」を疑問形にして「これが笑わずにいられようか」としています。では、「親友に頼《たの》まれたのだから、引き受けよう」を反語にしてみて下さい。正解例は「親友に頼まれたのに、

オ　その時間は会社か家にいます。

解答：①＝ウ　②＝エ　後に「いや、許されない」「いや、笑わずにはいられない」が省略されている。　③＝イ　④＝ア　⑤＝オ

3「で」　①原因・理由。　②手段《しゅだん》・材料（～を使って）。　③時・場所。

例題：①遠足は雨で中止になった。　②兄は車で通勤《つうきん》している。
③国際会議が東京で開かれる。

ア　空き地で遊ぶ。　**イ**　過労でたおれる。　**ウ**　えん筆《ぴつ》で書く。

解答：①＝イ　②＝ウ　③＝ア

4「に」　①原因・理由。　②時・場所。　③目的地。　④動作の目的（～をするために）。　⑤働きかける相手（対象）。　⑥結果（～になる）。
⑦「受け身」の相手（～に～される）。

（どうして）引き受けずにいられようか」や「親友に頼まれたものを、（どうして）断ることができようか」です。みなさんも作文で、一度使ってみてはどうでしょう。

例題：①高熱に苦しむ。　②東京に住む。　③会場に急ぐ。
④花見に行く。　⑤友達に本を貸す。　⑥音楽家になる。
⑦父にしかられる。
ア　君に礼を言う。　**イ**　病院に行く。　**ウ**　人に笑われる。
エ　部屋にいます。　**オ**　一人前になる。
カ　急なしらせにおどろく。　**キ**　遊びに出かける。
解答：①＝カ　②＝エ　③＝イ　④＝キ　⑤＝ア　「友達」は「貸す」相手。「君」は「礼を言う」相手。　⑥＝オ　⑦＝ウ

5　**「と」**　①共同の相手（〜といっしょに）。　②並列《へいれつ》（〜と〜）。　③引用（「……」と言う・思う・考える）。　④〜したとき、たまたま……。　⑤もし〜するなら……。
例題：①弟と遊ぶ。　②美園《みその》と涼香《すずか》は姉妹だ。
③決してうんと言わない。　④帰るとお客さんが来ていた。

⑤春になると水もぬるむ。

ア　窓を開けると月が見えた。　イ　水と油をまぜる。

ウ　犬と散歩する。　エ　「おはよう」と声をかける。

オ　じゃ口《ぐち》をひねるとお湯が出ます。

解答：①＝ウ　②＝イ　③＝エ　④＝ア　⑤＝オ

6　「を」　①働きかけの相手（対象）。　②通過の場所。　③出発点。

例題：①作文を書く。　②道路を横断する。　③大阪を発《た》つ。

ア　早朝に家を出る。　イ　お茶を飲む。

ウ　鳥たちは海をわたって来る。

解答：①＝イ　②＝ウ　③＝ア

確《かく》認《にん》問《もん》題《だい》

解答249ページ

1 次の各文の――線部と同じ用法のものをあとのア～エから選びましょう。

1. 店で買ったらしい赤ちょうちんもある。

ア 彼は若者《わかもの》らしい、はきはきした口調で答えた。
イ この地方では、こうした造りの家はめずらしい。
ウ 私たちは、いつも人間らしい生活をしたいと願っている。
エ 娘《むすめ》の恋《こい》の相手は、われわれも知っているあの学生らしい。

2. 彼は少しも本を読まない。

ア いくらすすめても入院しない。
イ 人間の命ははかない。
ウ きずは大して深くはない。
エ 命を落としても不思議ではない。

3. 主人は食器をならべたテーブルを満足げにながめやった。

ア 一月後、母は無事退院《たいいん》した。

イ 壁《かべ》にかかった絵を鑑賞《かんしょう》する。

ウ 彼なら今帰ったところです。

エ 先日お話しした件ですが。

4. お父さんにはぼくから話そう。

ア 私は彼のように正直になろう。

イ 実現すれば素敵《すてき》だろう。

ウ 窓《まど》から見る景色はさぞ美しかろう。

エ そんなこともあろう。

12 可能動詞《どうし》・自動詞・他動詞

○可能動詞《どうし》と可能の助動詞「れる・られる」

動詞の中には、可能の助動詞「れる・られる」をともなわずに、**その動詞一語だけで「〜できる」という意味を表す**ものがあります。このような動詞を**可能動詞**といいます。可能動詞には必ず「もとの動詞」があります。

もとの動詞	もとの動詞＋可能の助動詞	可能動詞
話す	話さ＋れる	話せる
登る	登ら＋れる	登れる
呼《よ》ぶ	呼ば＋れる	呼べる
見る	見＋られる	(なし)
食べる	食べ＋られる	(なし)

こうして例を挙げてみると、可能動詞の作り方には法則があることがわかります。「もとになる動詞」に打ち消しの助動詞「ナイ」をつけてみましょう。「話す」「登る」「呼ぶ」は「話さナイ」「登らナイ」「呼ばナイ」となり、ナイの直前の音はみなア段《だん》（さ・ら・ば）です。中学校の「国文法」の用語では、このような動詞を「五段活用」の動詞といいます。これに対して、「見る」は「みナイ」でナイの直前の音はイ段（み）、「食べる」は「食べナイ」で直前の音はエ段（べ）です。「国文法」の用語では、前者を「上《かみ》一段活用」の動詞といい、後者を「下《しも》一段活用」の動詞といいます。ここから、以下のことがわかります。

法則1 **可能動詞**を作ることができるのは**「五段活用」の動詞**である。「五段活用」の動詞に助動詞「れる」をつけて可能の意味を表すこともあるが、現代では用いられることは少ない。

法則2 **「五段活用」の動詞**から可能動詞を作るときには、**語尾《ごび》を工段の音に変え**（話す→話せ、登る→登れ、呼ぶ→呼べ）、**「る」をつける。**

法則3　**「上一段活用」「下一段活用」の動詞**からは**可能動詞を作ることはできない**。可能の意味を表すときには、後ろに**助動詞「られる」**をつける。

法則4　**「上一段活用」「下一段活用」の動詞**の後に「られる」のかわりに**「れる」**をつけると、**「ら抜《ぬ》き言葉」**になる。これは以前から方言として用いられ、最近は話し言葉として広く普及《ふきゅう》しているが、**「言葉のきまり」の上では誤《あやま》り**とされている。

○自動詞と他動詞

自動詞　「…が〜する」という形で**主語自身の動作**を表す。

他動詞　「(××が)…を〜する」という形で、**主語の他のものに対する働きかけ**を表す。

(例)　(自) 考え方が変わる。　　(他) 考え方を変える。

(自) くぼみに水がたまる。　　(他) くぼみに水をためる。

(自) 汚《よご》れが落ちる。　　(他) 汚れを落とす。

（自）窓《まど》から庭の様子が見える。　（他）窓から庭の様子を見る。

（自）飛行機が空を飛ぶ。　（他）飛行機を空に飛ばす。

（自）笹舟《ささぶね》が川を流れる。　（他）笹舟を川に流す。

上では動詞が表す動作や状態の主語（…が）だったものが、下では動詞が表す働きかけの対象（…を）になっていることがわかります。区別のめやすとして、**働きかけの対象を表す助詞「を」がつけば他動詞で、つかなければ自動詞である**と覚えておけば便利です。ただし、例の中の「飛ぶ」や「流れる」のように、自動詞に「通過する場所」を示す「を」がつく場合があるので注意が必要です。

確《かく》認《にん》問《もん》題《だい》

解答250ページ

1 次の動詞《どうし》をもとにして可能動詞を作りましょう。作れない場合は×で答えてください。

①待つ　②打つ　③切る　④着る　⑤座《すわ》る
⑥寝《ね》る　⑦落ちる　⑧逆らう　⑨捨《す》てる　⑩決める

2 次の動詞が自動詞なら○をつけ、対応する他動詞を答えましょう。また他動詞なら×をつけ、対応する自動詞を答えましょう。

①集まる　②決める　③終わる　④高まる　⑤焼く
⑥立てる　⑦起きる　⑧のばす　⑨聞こえる　⑩とける

品詞分類表

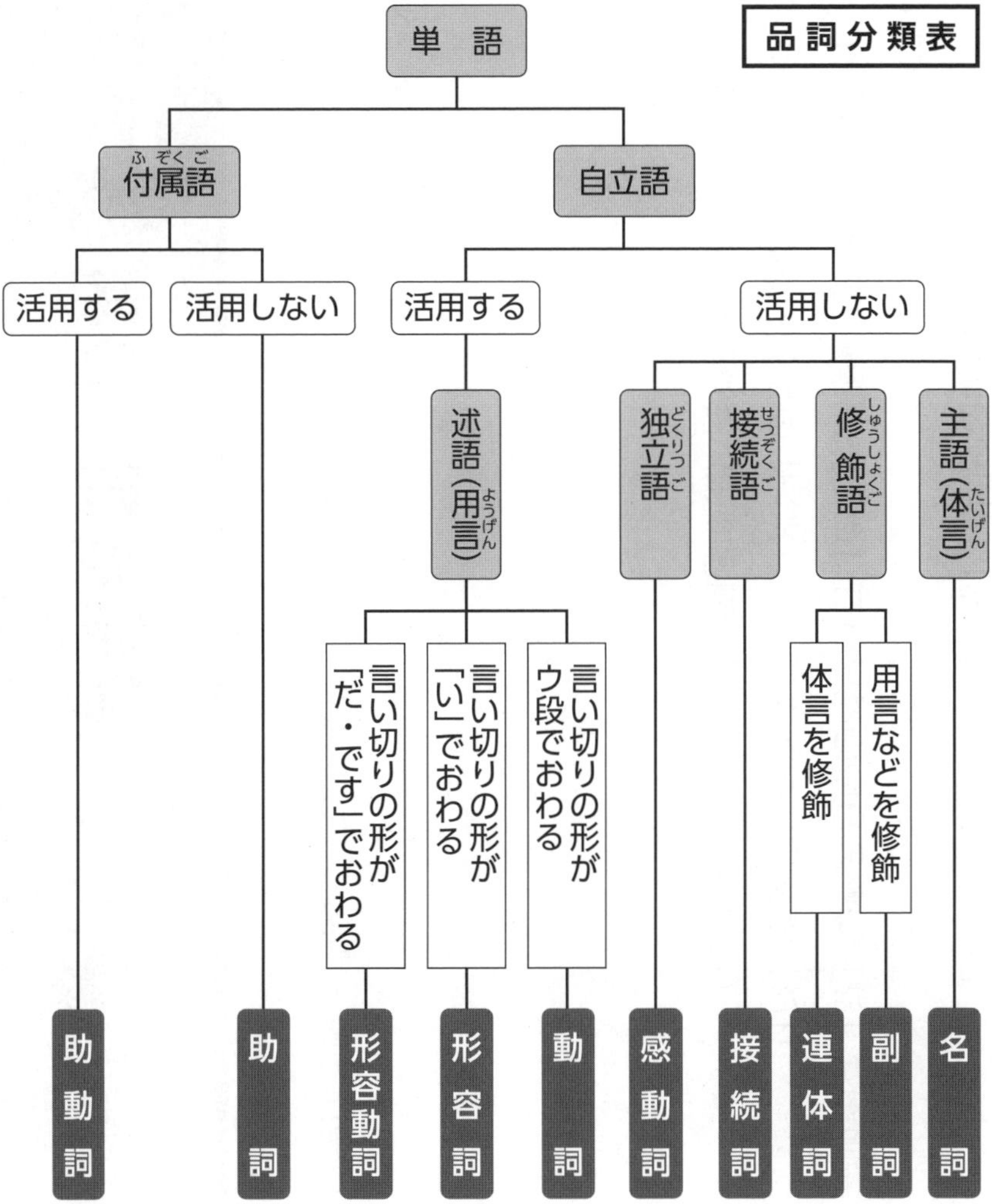
単語
付属語《ふぞくご》
自立語
活用する
活用しない
活用する
活用しない
述語（用言《ようげん》）
独立語《どくりつご》
接続語《せつぞくご》
修飾語《しゅうしょくご》
主語（体言《たいげん》）
言い切りの形が「だ・です」でおわる
言い切りの形が「い」でおわる
言い切りの形がウ段でおわる
体言を修飾
用言などを修飾
助動詞
助詞
形容動詞
形容詞
動詞
感動詞
接続詞
連体詞
副詞
名詞

13 品《ひん》詞《し》・語の識別

文法問題としてよく出題されるのが、まぎらわしい品詞《ひんし》・語の識別です。代表的なものをあげておきます。

1 「だ」

このへんはとても静かだ（形容動詞「静かだ」の活用語尾《ごび》）
今日は良い天気だ（名詞「天気」についた断定の助動詞「だ」）
勉強はもう済《す》んだ（動詞「済む」についた過去の助動詞「た」が濁音《だくおん》化したもの）
雨が降《ふ》りそうだ（様態の助動詞「そうだ」の一部）

明日は雨になるそうだ（伝聞の助動詞「そうだ」の一部）
来週になるようだ（推定《すいてい》の助動詞「ようだ」の一部）
おなかのすいた犬のようだ（たとえの助動詞「ようだ」の一部）
とんだ失敗をしでかしました（連体詞「とんだ」の一部）

2「あまり」

その商品はあまり高くない（副詞で、「ない」を修飾《しゅうしょく》している）
それはきのうのあまりの食べ物です（名詞で、「残り物」の意味）
いくらなんでもこれではあまります（動詞「あまる」の活用形）

3「で」

母は主婦で、父は会社員だ（断定の助動詞「だ」の活用形）
鉛筆《えんぴつ》で字を書く（手段・方法を示す助詞「で」）
雨がやんで空が明るくなった（接続を示す助詞「で」）
朝から教室はにぎやかである（形容動詞「にぎやかだ」の活用語尾）

4「また」

また失敗をしてしまった（副詞「また」・文中の位置を変えられる）

山また山をこえていく（接続詞「また」・位置は変えられない）

5「い」

そろそろ店をしまいます（動詞「しまう」の活用語尾）

そろそろ今日はおしまい（名詞「おしまい」の一部）

今日は終わりが早い（形容詞「早い」の活用語尾）

6「近く」

学校が前より近くなった（形容詞「近い」の活用形）

すぐ近くに家が見える（名詞「近く」）

7「ない」

あの花はきれいでない（形容詞「ない」）

まだ授業は終わらない（打ち消しの助動詞「ない」で、「ぬ」と同じ）

最近川の水がきたない（形容詞「きたない」の一部）

8 **「れる」**

まだやれるだろうか（可能動詞「やれる」の活用語尾）

故郷《こきょう》のことが思い出される（自発の助動詞「れる」）

9 **「に」**

日はすでに暮《く》れかかっている（副詞「すでに」の一部）

川は静かに流れている（形容動詞「静かだ」の活用語尾）

10 **「らしい」**

あの人は中学生らしい（推定の助動詞「らしい」）

彼はいかにも中学生らしい（名詞の後について形容詞をつくる「らしい」。**「中学生らしい」でひとまとまりの形容詞**となる）

にくらしいことばかり言う（形容詞「にくらしい」の活用形の一部）

11「の」

雨の多い季節だ（主語を示し「が」に言いかえられる助詞）
もう行ってしまうの（文末について疑問《ぎもん》などの意味を示す助詞）
しゃべるのが大変だ（「こと」「もの」に言いかえられる助詞）
本箱の上を布でふく（連体修飾語をつくる助詞）
暑いので上着を脱《ぬ》ぐ（原因理由を示す助詞「ので」の一部）
寒いのに元気だ（逆接を示す助詞「のに」の一部）
いいの悪いのとうるさい（並立《へいりつ》を示す助詞。一つだけでは使わない）

12「な」

小さな声でささやく（連体詞「小さな」の一部）
文句ばかり言うな（文末について禁止などを示す助詞）
実に立派《りっぱ》な姿《すがた》で現れた（形容動詞「立派だ」の活用語尾）
次のような内容です（例示の助動詞「ようだ」の活用語尾）
雨の降りそうな天気（様態の助動詞「そうだ」の活用語尾）
日曜日なので人出が多い（断定の助動詞「だ」の活用形）

13「でも」

父は歯科医でもある（断定の助動詞「だ」の活用形＋並立を示す助詞）
そんなに静かでもない（形容動詞「静かだ」の活用語尾＋助詞）
転んでもただでは起きない（逆接を示す助詞「ても」の濁音化）
テレビでも見よう（軽い例を示す助詞）
自転車でも行けます（手段《しゅだん》方法を示す助詞「で」＋類推の助詞「も」）
私にでもできる（他の場合はまして、ということを類推させる助詞。
「私」以外の人は当然できる）

14「が」

雨が降る（主語を示す助詞）
雨は降る。が、寒くはない（逆接の接続詞で、自立語）
雨は降るが、寒くはない（逆接を示す助詞で、付属語）
水が飲みたい（対象を示す助詞。「を」の働きをする）

15「のに」

誰《だれ》もいないのにピアノが鳴る（逆接を示す助詞）

寒いのに困《こま》っている（「こと」「もの」に言いかえられる助詞「の」＋原因理由を示す助詞「に」）

16「ある」

ある晴れた日のことでした（連体詞「ある」で、「日」を修飾している）

日本にだって良い点はある（動詞「ある」で、述語として働いている）

私は中学生である（動詞「ある」だが、それだけでは述語になれない補《ほ》助《じょ》動詞）

参考

動詞「ある」と補助動詞「ある」の識別

「日本にだって良い点はある」は「ある、日本にだって良い点は」と倒置《とうち》にできますが、「私は中学生である」は「ある、私は中学生で」と倒置にすることはできません。このように、倒置にできるかどうかで、動詞と補助動詞は識別できます。

確《かく》認《にん》問《もん》題《だい》

解答251ページ

1 次の各文の――線部のちがいを説明してみましょう。

①あれは学校だろうか、とてもりっぱだな。

②とんだところでしかられたものだ。

③あの明かりが人家なら助かると思って進んだ。

2 次の①～③の――線部と同じ意味で使われているものをあとのア～ウから一つずつ選びましょう。

①雪のような白さだ。

②彼のような誠《せい》実《じつ》な人が好かれる。

③明日には完成するようだ。

ア エジソンのように偉《い》大《だい》な発明家。

イ 彼女のりんごのようなほっぺが好きだ。

ウ 明日は晴れのようだ。

14 文学史

○前近代の文学

わたし達の祖先が文字を持つようになったのは、中国から漢字が伝えられたことが始まりです。漢字を用いて日本語を記録することができるようになると、朝廷《ちょうてい》を中心に、神話・歴史・地理などの記録や、優《すぐ》れた和歌・漢詩を、後世に残すこととなりました。

また平安時代には、漢字をもとに「かな」が発明されました。この「かな」によって物語や日記や随筆《ずいひつ》が書かれ、日本の文学は宮廷《きゅうてい》の女性たちを中心に、さらに大きく花開くことになりました。

このように、奈良時代から江戸《えど》時代の終わりまでに書かれ、歴史的な評価が定まった作品群を、「古典」と言います。古典は、平安時代に形が整った書き言葉で書かれているため、難《むず》しく感じるかもしれませんが、こ

参考
古典
近代文学の名作を「古典」にふくめることもあります。ただ、それらが本当に「古典」の名に値《あたい》するかどうかは、後世《こうせい》の人々の判断にゆだねるしかありません。

の列島で生きた人々の物の感じ方、考え方、暮《く》らしぶりを、今に伝えます。以下、覚えておきたい古典作品を紹介《しょうかい》します。

①奈良時代

●古事記《こじき》　大国主神《おおくにぬしのかみ》の話（因幡《いなば》の白うさぎ）や、海幸彦《うみさちひこ》・山幸彦の話がのっている、日本最古の歴史書です。太安万侶《おおのやすまろ》が編さんしました。

●日本書紀《にほんしょき》　舎人親王《とねりしんのう》が編さんした歴史書です。「古事記」と「日本書紀」をあわせて「記紀《きき》」といいます。

●万葉集《まんようしゅう》　現存《げんそん》する最古の和歌集です。漢字の音を用いた「万葉仮名《がな》」で書かれています。主な歌人としては、柿本人麻呂《かきのもとのひとまろ》、山上憶良《やまのうえのおくら》、大《おお》伴家持《とものやかもち》らの名前を覚えておきましょう。

> 銀《しろがね》も金《くがね》も玉《たま》も何せむに勝《まさ》れる宝子《たから》にしかめやも　山上憶良

参考

銀も金も玉も何せむに勝れる宝子にしかめやも

現代語訳《やく》「銀も金も宝石も、どうしてすぐれた宝である子どもにおよぶだろうか。いや、およびはしない。」万葉集における山上憶良の「子等《こら》を思う歌」です。

②平安時代

●竹取《たけとり》物語　かな文字で書かれた、現存する日本最古の物語で、「かぐや姫《ひめ》」として知られています。

原文冒頭《ぼうとう》「今は昔、竹取の翁《おきな》といふ《(う)》ものありけり。野山にまじりて竹を取りつつ、よろづ《(ず)》のことに使ひ《(い)》けり。名をば、さぬきの造《みやつこ》となむ《(ん)》いひ《(い)》ける。その竹の中に、もと光る竹なむ《(ん)》一筋ありける。あやしがりて、寄りて見るに、筒《つつ》の中光りたり。それを見れば、三寸《さんずん》ばかりなる人、いと美しう《(しゅう)》てゐ《(い)》たり。」

現代語訳《やく》「今はもう昔のこと、竹取の翁（おじいさん）という人がいた。野山に分け入って竹を取っては、色々なことに使っていた。名前は『さぬきのみやつこ』といった。（あるとき）その竹の中に、根元が光っている竹が一本あった。不思議に思って近寄って見ると、筒の中が光っていた。それを見ると、三寸（約九センチ）ほどの人が、とてもかわいらしい姿《すがた》で座《すわ》っていた。」

●**古今《こきん》和歌集**　かな文字で書かれた最初の勅撰和歌《ちょくせんわか》集（天皇《てんのう》の命で編さんされた和歌集のこと）で、**紀貫之《きのつらゆき》**・**小野小町《おののこまち》**・**在原業平《ありわらのなりひら》**らが代表的な歌人です。優美《ゆうび》な歌は、古今調といわれます。

●**土佐日記《とさにっき》** かな文字で書かれた最初の日記で、女性が書いたという形をとっていますが、作者は**紀貫之**という男性です。

●**枕草子《まくらのそうし》** 作者は**清少納言《せいしょうなごん》**。宮廷生活における人物批評《ひひょう》や、自然観察は、女性らしい細やかさと、鋭《するど》い才気にあふれ、後世の随筆《ずいひつ》文学に大きく影響《えいきょう》を与《あた》えました。

原文冒頭「春はあけぼの。やうやう(よ)(よ)白くなりゆく山ぎは(わ)、すこしあかりて、紫《むらさき》だちたる雲のほそくたなびきたる。」
現代語訳「春は明け方がいい。だんだん白くなっていく山の稜線《りょうせん》のあたりの空が、少し明るくなって、紫がかった雲が細くたなびいている(のがいい)。」

●**源氏物語《げんじものがたり》** 作者は**紫式部《むらさきしきぶ》**。五十四帖《じょう》からなる長編の物語で、「もののあはれ」といわれる平安時代の貴族《きぞく》の感じ方や考え方が、「光源氏《ひかるげんじ》」という主人公を通して美しい文章で語られています。清少納言と紫式部は

参考
帖《じょう》
「源氏物語五十四帖」はよく聞く言い回しですが、この「帖」とは、「折本《おりほん》」を数える単位です。「折本」とは、紙を横に長くつないで折りたたんだ本のことで、「源氏物語」は、書写された「折本」の形で広まりましたので(もちろん平安時代に印刷技術はありません)、「帖」で数えます。ちなみに、軸《じく》に紙を巻きつける「巻物《まきもの》」を数える単位が「巻《かん》」です。「帖」はすたれてしまいましたが、「巻」は今でも使いますね。

同じ時期に宮廷生活を送り、共に、偉大《いだい》な文学を生んだ女性です。

●**今昔物語《こんじゃくものがたり》**　インド・中国・日本の説話（人々の間で語り伝えられてきたお話）を一千余り集めた最大の説話集で、大正時代の作家、芥川竜之介《あくたがわりゅうのすけ》は、この中の話を題材に短編小説を書きました。

平安時代はこのほか『**伊勢物語**《いせ》』や『**大鏡**《おおかがみ》』などがあります。それらには必ずと言っていいほど、和歌が出てきます。和歌は、日本の文芸の中心に位置する表現形式であると言えます。

③鎌倉時代《かまくらじだい》

鎌倉時代と室町時代を歴史上の分類で、中世と言い習わしています。中世は、政治や文化の中心が、京都の宮廷貴族（公家《くげ》）から武士と僧侶《そうりょ》に移動した時代です。兼好法師らは、武士の社会から身を引いて出家した知識人でした。このため、仏教の影響が文学に大きくあらわれたのが、中世の特徴《とくちょう》と言えます。

●**方丈記《ほうじょうき》**　作者は**鴨長明**《かものちょうめい》です。鎌倉時代の初めに書かれた随筆で、火事・地震《じしん》・大ききんなど身近に経験したことを題材に、この世のはかなさを書きつづっています。

●平家《へいけ》物語　軍記物語。平清盛《たいらのきよもり》一門の繁栄《はんえい》と、滅《ほろ》びて行く過程が、あるときは勇ましく、あるときは悲しく、七五調の美しい文章で語られています。「平曲《へいきょく》」とよばれ、琵琶《びわ》の音色に合わせて語り広められました。

原文冒頭「祇園精舎《ぎおんしょうじゃ》の鐘《かね》の声、諸行無常《しょぎょうむじょう》の響《ひび》きあり。沙羅双樹《さらそうじゅ》の花の色、盛者必衰《じょうしゃひっすい》の理《ことわり》をあらは《(わ)》す。おごれる人も久しからず、ただ春の夜の夢のごとし。猛《たけ》き者も遂《つい》にはほろびぬ、ひとへ《(え)》に風の前の塵《ちり》におなじ。」

現代語訳「祇園精舎の鐘の音は、すべてのものは移り変わることをその響きにこめている。沙羅双樹の花の色は、勢い盛《さか》んな者も必ず衰《おとろ》えることを示している。傲慢《ごうまん》な者も長くは続かず、ただ春の夜の夢のように消えていく。強い者もついにはほろびてしまうのは、まるで風に飛ばされるちりと同じだ。」

●**徒然草**《つれづれぐさ》　作者は**兼好法師**《けんこうほうし》**。**鎌倉時代の末期に書かれた随筆です。「つれづれなるままに（することもなく退屈《たいくつ》であるので）」という書き出しから、書名がつけられています。**古典の三代随筆として、『枕草子』『方丈記』『徒然草』はぜひ覚えておきましょう。**

原文冒頭「つれづれなるままに、日暮らし硯《すずり》に向かひ《(い)》て、心にうつりゆくよしなしごとを、そこはかとなく書きつくれば、あやしう《(しゅう)》こそものぐるほし《(お)》けれ。」
現代語訳「やることがないまま、一日を過ごし硯に向かって、心に浮《う》かんでは消えていくどうでもいいことを、とりとめもなく書きつけると、不思議なことに心が乱れてしまう。」

④**室町**《むろまち》**時代**
●**太平記**《たいへいき》　鎌倉幕府の滅亡《めつぼう》から南北朝の争いまでをえがいた軍記物語です。足利尊氏《あしかがたかうじ》や楠木正成《くすのきまさしげ》らの活やくが、七五調の美文で語られています。

●**花伝書《かでんしょ》（風姿花伝《ふうしかでん》）**　能役者《のうやくしゃ》・謡曲作者《ようきょくさくしゃ》の**世阿弥《ぜあみ》**が、自身の専門《せんもん》である「能」という芸能を体系的に分析《ぶんせき》して、後継者《こうけいしゃ》に託《たく》した本です。室町時代には足利義満《よしみつ》が保護したため、能・狂言《きょうげん》が盛んになりました。

他にも、仏教説話やおとぎ草子《ぞうし》（短い物語）などが多く書かれました。

⑤江戸時代

江戸時代を代表する人としては、**松尾芭蕉《まつおばしょう》**が「俳諧《はいかい》」を芸術に高めた功績は偉大です。江戸時代の俳諧《はいかい》は芭蕉の他に**与謝蕪村《よさぶそん》**と**小林一茶《いっさ》**が有名です。一茶は「おらが春」という俳句文集を残しています。

●**奥《おく》の細道《ほそみち》**　芭蕉が門人と共に江戸を出発し、奥州《おうしゅう》から北陸を経て岐阜の大垣《おおがき》に着くまでの約一五〇日間の俳諧紀行文です。

芭蕉の句　しづかさや岩にしみいる蝉《せみ》の声
五月雨をあつめて早し最上川
荒海《あらうみ》や佐渡《さど》によこたふ（う）天の川

参考

謡曲
能の台本。室町末期までは能役者自身が謡曲を手がけました。古典や伝説を脚色《きゃくしょく》したものが多いです。

俳諧
「俳諧」とは「俳諧の連《れん》歌《が》」のことで、これは室町末期から流行した、ユーモラスな連歌（「連歌」は、「五七五」と「七七」を順番にかけあう、集団による言葉遊び）を指します。そして、「俳諧の連歌」の発句《ほっく》（第一句）を、独立した芸術作品として鑑賞するようになったのが「俳句」です。

古池やかわず飛び込《こ》む水の音
旅に病んで夢は枯野《かれの》をかけ廻《めぐ》る（辞世の句）

蕪村の句
菜の花や月は東に日は西に
春の海ひねもすのたりのたりかな
さみだれや大河を前に家二軒《にけん》

一茶の句
我《われ》と来て遊べや親のない雀《すずめ》
名月をとってくれろと泣く子かな
雪とけて村一ぱいの子どもかな

●**世間胸算用《せけんむなざんよう》**　作者は井原西鶴《さいかく》という大阪の俳人で、他にも『日本永代蔵《にっぽんえいたいぐら》』『好色一代男《こうしょくいちだいおとこ》』などの浮世草子《うきよぞうし》（江戸時代の風俗《ふうぞく》小説）を書きました。

●**曽根崎心中《そねざきしんじゅう》**　作者は近松門左衛門《ちかまつもんざえもん》。人形浄瑠璃《じょうるり》（文楽）の脚本《きゃくほん》です。手代の徳兵衛《とくべえ》と遊女のお初《はつ》による心中事件を題材としています。歌舞伎《かぶき》

参考

人形浄瑠璃（文楽）
「16　古典芸能」のところで解説してありますので、参照して下さい。

手代《てだい》と遊女《ゆうじょ》
手代は、江戸時代の商家で、番頭《ばんとう》と丁稚《でっち》の間に位置する身分の奉公人《ほうこうにん》のこと。遊女は、男性を楽しませる商売をする女性のこと。

の演目にもなりました。**芭蕉・西鶴・近松の三人は元禄《げんろく》の三天才として覚えたいですね。**

●**雨月《うげつ》物語** 作者は上田秋成《あきなり》。中国や日本の怪談《かいだん》を小説風に書きました。

●**東海道中膝栗毛《とうかいどうちゅうひざくりげ》** 作者は十返舎一九《じっぺんしゃいっく》。こっけいな大衆小説です。

●**南総里見八犬伝《なんそうさとみはっけんでん》** 作者は滝沢馬琴《たきざわばきん》。二十八年かけて九十八巻《かん》の大長編小説を完成させました。仁義礼智忠信孝悌《じんぎれいちちゅうしんこうてい》の玉をもった義兄弟の八犬士が、力をあわせて里見家を再興する、伝奇《でんき》ロマンです。中国の物語『水滸伝《すいこでん》』を下じきにしています。

参考

近代文学と現代文学

第二次大戦後の日本文学を、「近代文学」から区別して、「現代文学」と呼《よ》ぶこともあります。

○近代の文学

鎖国《さこく》を解いた日本は、明治時代に入ると「文明開化」のスローガンのもと、急速に西洋の文明・文化を受け入れ、文学もまた西洋を手本とした「改良」を進めることになりました。これ以後、大正、昭和、平成、令和の現在までに生み出された作品を、文学史の上では「近代文学」と言います。

①明治の文学

明治の文学は、西洋文学の影響を強く受けながら、人々の精神を近代化するという社会的な課題を引き受けました。文学を通して日本人はその心に、理想と現実に引き裂《さ》かれる「近代自我《じが》」、あるいは「内面の葛藤《かっとう》」を抱《かか》えることとなったのです。そのモデルを提供《ていきょう》した典型は「自然主義」文学ですが、その「自然主義」の流行に反発し、近代以前の日本人の美徳を忘《わす》れず、近代化に突《つ》き進む日本の姿を客観的にとらえ直した、**夏目漱石《そうせき》**と**森鷗外《おうがい》**が、現在では高い評価を得ています。

●**福沢諭吉《ふくざわゆきち》**　慶応義塾《けいおうぎじゅく》を開いた思想家。西欧《せいおう》の知識を紹介し、新時代を生きようとする青年たちに希望を与えました。**『学問のすすめ』**「天は人の上に人をつくらず、人の下に人をつくらずと言へり」で始まる評論《ひょうろん》です。

●**森鷗外**　東大医学部を卒業し、軍医となり、ドイツに留学。帰国後も軍医の仕事を続けつつ、小説を執筆《しっぴつ》した他に、ドイツ語の詩やアンデルセンの童話などの翻訳《ほんやく》や、評論も手がけました。後年は、歴史小説を多く書きました。

『**舞姫**《まいひめ》』ベルリン留学により近代自我に目覚めた青年の、貧しい踊《おど》り子エリスへの愛は、立身出世のさまたげになるという理由でひきさかれてしまいます。鴎外自身の体験を下じきとしています。

『**山椒大夫**《さんしょうだゆう》』人買いにだまされた姉弟（安寿《あんじゅ》と厨子王《ずしおう》）の運命を描《えが》きます。

『**高瀬舟**《たかせぶね》』安楽死を罪とすることへの疑問《ぎもん》をテーマにしています。

●**夏目漱石**　東大英文科卒業後イギリスに留学し、日本の物語とは趣向《しゅこう》の異《こと》なる「小説」というジャンルに出会い、帰国後、東大でイギリス文学を教えましたが、『吾輩《わがはい》は猫《ねこ》である』が話題となり、小説家として独立しました。その知性と人間性をしたう門弟も多く、明治・大正期の文学を支えた人でした。次のような作品は覚えておきましょう。

『**吾輩は猫である**』中学教師、苦沙弥《くしゃみ》の家に住む猫の目を通して、人間社会にたいする皮肉や風刺《ふうし》が語られています。

吾輩は猫である。名前はまだ無い。
どこで生れたかとんと見当がつかぬ。何でも薄暗《うすぐら》いじめじめした所でニャーニャー泣いていた事だけは記憶《きおく》している。吾輩はここで始めて人間というものを見た。

『**坊《ぼ》っちゃん**』　四国・松山中学の教師の体験をもとに、一本気な主人公、「坊っちゃん」が世間のもめごとに巻《ま》き込《こ》まれていく様子を、あたたかい目でユーモラスに描いた小説です。

『**三四郎《さんしろう》**』　純朴《じゅんぼく》な青年、三四郎が、美しい女性の複雑な心理にとまどいながら成長してゆく姿を描く、青春小説。

『**こころ**』　親友をうらぎってしまった「先生」はなぜ自殺をしなければならなかったのか？　その心の過程を遺書《いしょ》の形で書いたもので、漱石の晩年《ばんねん》の人生観の深まりがみられます。

森鷗外と夏目漱石は「明治の二大文豪《ぶんごう》」と言われ、特に覚えておきたい

作家です。その他、忘《わす》れてはならない作家をあげておきます。

●**樋口一葉《ひぐちいちよう》** 貧困《ひんこん》の中で小説を書いたが、若《わか》くして病死した女性作家。

『たけくらべ』 遊郭《ゆうかく》近くの環境《かんきょう》の中で思春期をむかえた少年少女たちの心理を、下町情緒《じょうちょ》につつんで細やかに描いた小説。

●**与謝野晶子《よさのあきこ》** 情熱的な短歌を発表した女性歌人で、与謝野鉄幹《てっかん》の妻。

『みだれ髪《がみ》』 大胆《だいたん》な恋愛《れんあい》を歌った短歌集。

> その子二十《はたち》櫛《くし》にながるる黒髪《くろかみ》のおごりの春のうつくしきかな

●**島崎藤村《とうそん》** 詩人としては「浪漫《ろうまん》主義」、小説家としては「自然主義」の作家であると言われます。**『若菜集』**（詩集）・**『破戒《はかい》』**・**『夜明け前』**（小説）。

●**石川啄木《たくぼく》** 貧困と病苦の中で自己《じこ》の生活を三行書きの短歌でつづった点

参考

遊郭
周囲をかこわれ、遊女たちが集められた地域。

その子二十歳櫛にながるる黒髪のおごりの春のうつくしきかな
現代語訳《やく》　その娘は二十歳。櫛でとかせば流れるような黒髪はあでやかで、そんなぜいたくすぎる青春の美しいことよ。

が特徴です。感傷《かんしょう》的な歌も多く、多くの人々に愛誦《あいしょう》されています。『一《いち》握《あく》の砂』『悲しき玩具《がんぐ》』（歌集）

頬《ほお》につたふ（う）
なみだのごはず（わ）
一握の砂を示しし人を忘れず

②大正の文学

欧米《おうべい》列強を目標にがむしゃらに突き進み、日露《にちろ》戦争勝利にいたったのが明治時代だったとすると、一息ついた小春日和《こはるびより》の時代が大正時代でした。第一次大戦時には好景気で、大正デモクラシーの風潮《ふうちょう》も生まれ、安定した時代に見えますが、大戦後は一転して不況《ふきょう》に見舞《みま》われ、また関東大震災《だいしんさい》が発生し、社会的には不安定な面もありました。このような時代に、文学は「近代化」の教師という役割《やくわり》から解放され、技巧《ぎこう》的（芥川竜之介《あくたがわりゅうのすけ》）、遊《ゆう》戯《ぎ》的（宮沢賢治《みやざわけんじ》）なものや、理想的（白樺《しらかば》派）、政治的（プロレタリア文学）なものへと変質しました。

参考

頬につたふなみだのごはず一握の砂を示しし人を忘れず

現代語訳　頬につたう涙《なみだ》をぬぐいもせず、手に握《にぎ》りしめた砂を示した人のことを、忘れるはずもない。

●**芥川竜之介**　東大在学中に発表した『羅生門《らしょうもん》』『鼻』が漱石に激賞《げきしょう》され、文壇《ぶんだん》にデビューしました。『今昔物語』の価値《かち》を見いだし、自己の作品の題材としたことでも評価されています。文学上の悩《なや》みで昭和二年に自殺しましたが、すぐれた作家に贈《おく》られる「芥川賞」にその名を残しています。この作家の短編は、題材や着想が新奇《しんき》なだけでなく、かれ一流のすぐれた心理的解釈《かいしゃく》がほどこされており、それが大きな魅力《みりょく》となっています。

『トロッコ』　八歳《さい》の良平は、鉄道工事に使うトロッコにのりたくてたまりません。ある日、とうとうのせてもらえたのですが、トロッコはお家からどんどん遠ざかり……。

『蜘蛛《くも》の糸』　カンダタという罪人は、お釈迦《しゃか》さまの垂《た》らされた細いクモの糸にすがって、地獄《じごく》をぬけだそうとします。

『杜子春《とししゅん》』　杜子春という青年は、世の中が嫌《いや》になって、仙人《せんにん》になろうと、厳《きび》しい修業をするのですが……。

『地獄変』　娘《むすめ》をも犠牲《ぎせい》にして、絵を描《か》くことに執念《しゅうねん》を燃やす絵仏師《えぶっし》の、すさまじい芸術家精神を描いています。

●**宮沢賢治**　故郷《こきょう》、岩手県の農学校で先生をしながら、詩や童話をつくりましたが、病気のため三十七才でなくなりました。「雨ニモマケズ、風ニモマケズ……」の詩は有名です。**『注文の多い料理店』『銀河鉄道の夜』『よだかの星』『風の又三郎《またさぶろう》』『セロ弾《ひ》きのゴーシュ』**といった童話は今も親しまれています。**『春と修羅《しゅら》』**をはじめ、詩集も多数あります。

●**白樺派《しらかばは》**　キリスト教やヒューマニズムの影響を受け、理想的な人間性を探求《たんきゅう》したグループです。代表的な作家・作品を紹介します。

●**志賀直哉《しがなおや》**　**『城の崎《きのさき》にて』『清兵衛《せいべえ》と瓢簞《ひょうたん》』『暗夜行路《あんやこうろ》』**

●**武者小路実篤《むしゃのこうじさねあつ》**　**『友情』**

●**有島武郎《ありしまたけお》**　**『生れ出づる悩《なや》み』『一房《ひとふさ》の葡萄《ぶどう》』**

●**高村光太郎《たかむらこうたろう》**　**『智恵子抄《ちえこしょう》』『道程《どうてい》』**（詩集）

このほか大正時代には、労働運動や社会主義思想を背景《はいけい》とした**プロレタリア文学**が登場しました。また、児童文芸雑誌《ざっし》『赤い鳥』が創刊《そうかん》され、童話作家・**小川未明《みめい》**が、代表作**『赤い蝋燭《ろうそく》と人魚』**を発表しました。

参考

プロレタリア文学

「プロレタリア」とは、働いてかせいだお金で生活する人、つまり労働者のことです。労働者階級が団結して、「ブルジョア」つまり資本家階級（経済力で国家・社会を支配している階級）を打倒し、理想的な平等社会を作ろうと考える思想に「共産《きょうさん》主義」や「社会主義」があり、このような思想に共感して、労働者のための文学を目指したのが「プロレタリア文学」です。一九一七年のロシア革命《かくめい》後、日本でも流行しましたが、一九三〇年代に入ると、政府の弾圧《だんあつ》によっ

短歌では**斎藤茂吉**《もきち》の『**赤光**《しゃっこう》』、歌人ですが小説『**野菊**《のぎく》**の墓**《はか》』を書いた**伊**《い》**藤左千夫**《とうさちお》などの名も覚えておくといいでしょう。

③昭和の文学

小春日和の大正時代の後、世界恐慌《きょうこう》による打撃《だげき》を受け、貧富の差が広がる昭和の日本は、満州や中国本土への侵略《しんりゃく》を押《お》し進めました。そして、これに反発したアメリカをはじめとする連合国を敵《てき》に回して太平洋戦争に突入《とつにゅう》し、無差別爆撃《ばくげき》や原爆の被害《ひがい》を経験し、ついに敗北しました。

戦争への反省から、戦後の日本には民主主義が定着し、日本人の物の考え方は大きく変わりました。人々は新たに、平和な日本を建設しようとけんめいに働き、戦後復興を実現し、高度成長を経て世界第二位の経済《けいざい》大国の地位にのぼりつめ、安定成長、バブル経済を経験しました（日本経済が長期の不況《ふきょう》におちいるのは、平成に入ってからです）。

ここでは主に、六十余年におよぶ昭和の中でも、戦後の民主主義の時代をリードした文学を紹介します。

てつぶされてしまいました。代表的な作家として、葉山嘉樹《よしき》、宮本百合子《ゆりこ》、小林多喜二《たきじ》、佐多稲子《さたいねこ》らがいます。

世界恐慌

商品を作り過ぎたために物が売れなくなり、商品の値段《ねだん》が下がって倒産《とうさん》や失業が増え、さらに値下がりが加速する、経済的なパニック状態を、恐慌と呼びます。一九二九年に、アメリカのウォール街で起きた株価《かぶか》の大暴落から始まる、世界規模で連鎖《れんさ》した恐慌を「世界恐慌」と呼び、これが日本にも波及《はきゅう》して「昭和恐慌」となりました。

●**川端康成**《かわばたやすなり》　日本の古典から受け継《つ》いだはかない美しさを、近代的な知性によってとらえ直し、情感豊かな文体で描いた功績は世界に認《みと》められ、一九六八年に、日本人初のノーベル文学賞を受賞しました。「美しい日本の私」という題で授賞式のスピーチをしましたが、四年後、自ら命を絶ちました。次の作品は覚えておきたい代表作です。

『伊豆《いず》の踊子《おどりこ》』　二十歳の旧制高校生の「わたし」は、一人旅の途中《とちゅう》、旅芸人の一行に会い、踊子の純粋《じゅんすい》さに心うたれ、素直な自分をとりもどします。作者の体験が基にあります。

『雪国』　「国境の長いトンネルをぬけると雪国であった」という名文で始まることで有名です。雪国の芸者・駒子《こまこ》と、その清純な情熱にうたれながら愛を受けとめ切れない、妻子をもつ作家・島村。人間のむなしく哀《かな》しい一面を味わい深く描いています。

●**井伏鱒二**《いぶせますじ》　ユーモラスで温かみのある文体は独特のものです。

『山椒魚《さんしょううお》』　成長しすぎて自分の棲家《すみか》である岩屋から出られなくなってしまった山椒魚の嘆《なげ》きを、ユーモラスに描いた作品。

『**多甚古村**《たじんこむら》』　いなかの駐在所《ちゅうざいしょ》に赴任《ふにん》してきた若い巡査《じゅんさ》の、駐在日記という形をとった、ヒューマニズムにあふれた小説。

『**黒い雨**』　広島の原爆の悲惨《ひさん》さを、日記の形式で書いています。放射能《ほうしゃのう》に汚染《おせん》された黒いタールのような雨にうたれたため発病する矢須子《やすこ》は、結婚《けっこん》前の若い娘なのです。

●**太宰治**《だざいおさむ》　青森の大地主の家に生まれ、東大に進み、井伏鱒二に弟子入りしました。共産主義に傾倒《けいとう》しながらも挫折《ざせつ》。自殺未遂《みすい》や薬物中毒を繰《く》り返しながらも戦後は人気作家となりましたが、同時に、破滅への道を歩むこととなりました。

『**走れメロス**』　国王に反逆して死刑宣告《しけいせんこく》を受けたメロスは、親友を人質とすることで死刑執行《しっこう》を延期《えんき》してもらい、妹の結婚式にかけつけますが、すぐに帰らなくてはなりません。遅《おく》れると友人が身代わりで死刑にされるからです。人間の弱さ、友情、信じることの尊《とうと》さを描いています。

●**井上靖**《やすし》　六歳から両親のもとを離れ、伊豆の湯《ゆ》ケ島《がしま》の祖母に育てられたため、作品の基調は、孤独《こどく》感と自然にたいする詩情です。『闘牛《とうぎゅう》』で芥川賞を受け、『天平《てんぴょう》の甍《いらか》』などの歴史小説や『あすなろ物語』などの自伝的小説など、はば広い創作《そうさく》活動をしました。

『あすなろ物語』〈あすなろ〉は「あすはひのきになろう」という希望を持っている木です。作者の少年時代の経験が描かれています。

『しろばんば』美しい伊豆の自然を背景に、五歳の洪作《こうさく》の成長を描いています。〈しろばんば〉は夕暮時《ゆうぐれどき》に群れ飛ぶ雪虫《ゆきむし》のことで、これも自伝的な作品です。

●**大江健三郎《おおえけんざぶろう》**『飼育』で、東京大学在学中に芥川賞を受賞しました。また、一九九四年に日本人として二人目のノーベル文学賞を受賞しました。授賞式でスピーチした「あいまいな日本の私」は、川端康成のスピーチを意識しながら、現代日本の状況をとらえました。政治的な関心と寓話《ぐうわ》的な世界観が入り混じった作風が特徴です。

『死者の奢《おご》り』アルバイトでホルマリン漬《づ》けの解剖《かいぼう》用死体を扱《あつか》う現代青年の不安と虚《むな》しさをとらえています。

『万延元年《まんえん》のフットボール』 四国の山深い谷間の村を舞台《ぶたい》に、現代青年の心理と日本の近代の歴史のつながりを描いています。

このほか、すばらしい作品が数多くありますが、みなさんの年代の人達に読んでほしいものを次に紹介しておきます。

●**山本有三《ゆうぞう》『路傍《ろぼう》の石』『真実一路』** 少年の成長を描いています。

●**下村湖人《しもむらこじん》『次郎物語』** 作者の自伝といわれています。

●**木下順二『夕鶴《ゆうづる》』**「鶴の恩返《おんがえ》し」という民話を戯曲《ぎきょく》化したもの。女優・山本安英《やすえ》が「つう」を演じ、戦後演劇《えんげき》史を代表する、大変な人気作品となりました。

●**新美南吉《にいみなんきち》『ごんぎつね』** 人ときつねの心温まる童話です。児童文芸誌《し》『赤い鳥』に発表されました。

●**椋鳩十《むくはとじゅう》『大造じいさんとガン』** 老いた狩人《かりうど》と賢《かしこ》い鳥の知恵《ちえ》比べ。

●**竹山道雄《みちお》『ビルマの竪琴《たてごと》』** ビルマに残って戦友を弔《とむら》う日本兵の話。

●**三島由紀夫《みしまゆきお》『潮騒《しおさい》』** 伊勢湾《わん》の小島を舞台にした、漁師と海女《あま》の恋愛物語。

●**開高健《かいこうたけし》『裸《はだか》の王様』** 閉ざされた少年の心を開こうとする、絵の先生の話。

●**安岡章太郎《やすおかしょうたろう》『サーカスの馬』** 何をしてもダメな中学生である僕《ぼく》は、靖《やす》国《くに》神社の境内のテントに、一頭の馬を見つけて……。

●**松谷《まつたに》みよ子『龍《たつ》の子太郎』** おばあさんから母が龍の姿になってしまったと聞かされたなまけものの太郎は、母を探《さが》す旅に出ます。

●**灰谷健次郎《はいたにけんじろう》『兎《うさぎ》の眼』** 新任教師・小谷芙美《こたにふみ》は、工業地帯の小学校で、一年生の担任《たんにん》として奮闘《ふんとう》します。

●**今江祥智《いまえよしとも》『優《やさ》しさごっこ』** 妻が出て行った後の、父と小学生の娘のふたりきりの生活を描きます。

●**高木敏子《たかぎとしこ》『ガラスのうさぎ』** 東京大空襲《だいくうしゅう》で家族を失った作者自身の体験を描きます。

●**野坂昭如《あきゆき》『火垂《ほた》るの墓』** 戦争を生きのびようとする兄と妹の物語。

●**星新一《ほししんいち》『ボッコちゃん』** 作者得意の愉快《ゆかい》なショートショート。

●**井上ひさし『偽《にせ》原始人』** 教育ママから逃《に》げ出し、大好きな元担任教師を助けようとする、小学生三人組の物語。

参考

映像化された名作

松谷みよ子『龍《たつ》の子太郎』は浦山桐郎《うらやまきりお》監督《かんとく》によって、野坂昭如『火垂るの墓』は高畑勲《たかはたいさお》監督によって、アニメ映画化されました。その他、上記の名作には、映画化・テレビドラマ化されたものが多数あります。

○**外国の文学**

外国のすぐれた文学作品は日本語に翻訳《ほんやく》されており、みなさんにも読みやすくなっています。有名なものを紹介しておきますので、読書ガイドとして活用して下さい。

イギリス

●ウィリアム・シェイクスピア『ロミオとジュリエット』『ハムレット』
●ダニエル・デフォー『ロビンソン・クルーソー』
●ロバート・ルイス・スティーブンソン『宝島《たからじま》』『ジキル博士とハイド氏』
●オスカー・ワイルド『幸福な王子』
●ジェームス・マシュー・バリー『ピーターパン』
●ルイス・キャロル『不思議の国のアリス』
●ウィーダ『フランダースの犬』
●ハーバート・ジョージ・ウェルズ『タイム・マシン』『透明《とうめい》人間』『宇宙《うちゅう》戦争』
●ヒュー・ロフティング『ドリトル先生』シリーズ

●J・R・R・トールキン『ホビットの冒険《ぼうけん》』『指輪物語』
●C・S・ルイス『ナルニア国物語』シリーズ
●ウィリアム・ゴールディング『蝿《はえ》の王』
●ジュリー・アンドリュース『偉大なワンドゥードル最後の一匹《いっぴき》』

アメリカ

●ルイーザ・メイ・オルコット『若草物語』
●マーク・トゥエイン『トム・ソーヤの冒険』『ハックルベリー・フィンの冒険』
●フランシス・ホジソン・バーネット『小公子』『小公女』
●ハリエット・ビーチャー・ストウ『アンクル・トムの小屋』
●ジーン・ウェブスター『あしながおじさん』
●アーネスト・ヘミングウェイ『老人と海』
●マーガレット・ミッチェル『風と共に去りぬ』
●アーネスト・トンプソン・シートン『シートン動物記』
●アーシュラ・K・ル゠グウィン『ゲド戦記』シリーズ

フランス

●ヴィクトル・ユーゴー『レ・ミゼラブル（ああ無情）』
●サン・テグジュペリ『星の王子様』
●ジュール・ヴェルヌ『海底二万里』『八十日間世界一周』『十五少年漂《ひょう》流《りゅう》記』
●ジュール・ルナール『にんじん』
●ジャン・アンリ・ファーブル『昆虫《こんちゅう》記』
●マルタン・デュ・ガール『チボー家の人々』

ドイツ

●エーリッヒ・ケストナー『エミールと少年探偵《たんてい》団』『飛ぶ教室』『ふたりのロッテ』
●ヘルマン・ヘッセ『車輪の下』
●ジェイムス・クリュス『笑いを売った少年』
●ミヒャエル・エンデ『モモ』『はてしない物語』

その他の国

●ジョナサン・スウィフト『ガリバー旅行記』（アイルランド）
●アストリッド・リンドグレーン『長くつ下のピッピ』（スウェーデン）
●モーリス・メーテルリンク『青い鳥』（ベルギー）
●カルロ・コッローディ『ピノッキオの冒険』（イタリア）
●エドモンド・デ・アミーチス『クオーレ』（イタリア）
●ミゲル・デ・セルバンテス『ドン・キホーテ』（スペイン）
●ドストエフスキー『罪と罰《ばつ》』（ロシア）
●レフ・トルストイ『イワンのばか』（ロシア）
●アントン・チェーホフ『子どもたち』（ロシア）
●呉承恩《ごしょうおん》『西遊記《さいゆうき》』（中国）
●李潤福《イユンボク》『ユンボギの日記』（韓国《かんこく》）

確《かく》認《にん》問《もん》題《だい》

解答252ページ

1 **次の①〜⑤の作品にもっとも関係の深いものを、A群とB群のア〜オよりそれぞれ一つずつ選びましょう。また、①〜⑤を古いものから順番にならべかえましょう。**

①こころ

②銀河鉄道の夜

③万葉集《まんようしゅう》

④奥《おく》の細道《ほそみち》

⑤枕草子《まくらのそうし》

（A群）**ア** 夏目漱石《そうせき》　**イ** 松尾芭蕉《まつおばしょう》　**ウ** 清少納言《せいしょうなごん》

エ 宮沢賢治《みやざわけんじ》　**オ** 柿本人麻呂《かきのもとのひとまろ》

（B群）**ア** 随筆《ずいひつ》　**イ** 小説　**ウ** 童話

エ 歌集　**オ** 紀行

15 短歌・俳《はい》句《く》・漢詩

ここでは、日本人が伝統的に親しんできた詩の形式である、短歌・俳《はい》句《く》・漢詩を紹介《しょうかい》します。

○短歌

●短歌とは何か

短歌とは、**五・七・五・七・七**の**三十一音**からなる短い**定型詩**です。もともと和歌の中の一形式を指しますが、現代ではジャンルの名称として、幕末《ばくまつ》までのものを和歌《わか》、明治以降《いこう》を短歌と呼《よ》んで区別することが多いです。

例題：五・七・五・七・七に区切って音読しましょう。

①いつしかに春の名残《なごり》となりにけり昆布干場《こんぶほしば》のたんぽぽの花
②稲刈《いねか》りてさびしく晴るる春の野に黄菊《きぎく》はあまた目を開きたり
③街をゆき子供《こども》のそばを通るときみかんの香《か》せり冬がまた来る

参考
いつしかに……
作者は北原白秋《はくしゅう》。
稲刈りて……
作者は長塚節《ながつかたかし》。
街をゆき……
作者は木下利玄《きのしたりげん》。

●上《かみ》の句・下《しも》の句

1 五・七・五・七・七の内、最初の**五・七・五**の部分を**上の句**、残りの**七・七**の部分を**下の句**といいます。

2 五・七・五・七・七の各部分を上から順番に、**初句《しょく》（五）・二句（七）・三句（五）・四句（七）・結句《けっく》（七）**といいます。

●字余《あま》り・字足《た》らず

音の数が三十一よりも多い短歌を**字余り**の短歌、少ない短歌を**字足らず**の短歌といいます。

例題：字余りになっているのは何句でしょうか。
①葛《くず》の花踏《ふ》みしだかれて色あたらしこの山道を行きし人あり

②萩《はぎ》の上にすずめとまりて枝ゆれて花はらはらと石にこぼれる

解答：①三句（色あたらし）　②初句（萩の上に）

●句切れ

一首の中で意味のつながりが切れるところを**句切れ**といいます。

例題：次の短歌は何句切れの歌ですか。

深々と人間笑ふ《(う)》声すなり谷一面の白百合《しらゆり》の花

解法

①初句の「深々と」は、二句の「笑ふ」を修飾《しゅうしょく》しているので、初句と二句の間は切れない。

②二句の「人間笑ふ」は、三句の「声」を修飾しているので、二句と三句の間は切れない。

③四句の「谷一面の」は結句の「白百合の花」を修飾しているので、四句と結句の間は切れない。

参考

葛の花……
作者は釈迢空《しゃくちょうくう》（折口信夫《おりくちしのぶ》）。

萩の上に……
作者は長塚節。

深々と……
作者は北原白秋。

④三句の「声すなり」は言い切りの形になっており、後の四句・結句を修飾していない。したがって、三句と四句の間が切れる。句点「。」を挿《そう》入《にゅう》して不自然でなければ、そこが句切れであることが確かめられる（言い切りの形なのに、句点を入れたら不自然である場合は、連体修飾語である可能性が高い）。

句切れの答え方ですが、この例題のように三句目で切れる歌を**三句切れ**の歌といいます。初句で切れる歌は**初句切れ**、二句で切れる歌は**二句切れ**、四句で切れる歌は**四句切れ**、結句まで切れ目がない歌は**句切れなし**と答えます。

また、**「や」「かな」「けり」**（**切れ字**といいます）がつくと、必ず句切れとなります。

●短歌の表現技法

1　倒置法《とうち》　印象を強めるために、ふつうの語順をひっくり返す。

（例）　金色《こんじき》のちひ（い）さき鳥のかたちして銀杏《いちょう》散るなり夕日の岡に

倒置は、ふつうとは逆に、「述語—修飾語」や「述語—主語」という順序になりますので、まず述語の位置を確かめましょう。

この歌から主語と述語を取り出すと、四句に助詞《じょし》「が」を補《おぎな》えば「銀杏(が)散るなり」となり、「銀杏」が主語、「散るなり」が述語であることがわかります。そうすると、結句「夕日の岡に」は、四句の述語「散るなり」にかかる修飾語で、倒置になっています。また、ふつうの語順に戻《もど》して不自然でなければ、それが倒置であることが確かめられます。「夕日の岡に銀杏散るなり」できれいに意味が通りますので、やはり倒置であったことが確認《かくにん》できました。

倒置の効果は、ふつうの語順と倒置の語順を比べればわかります。

×金色のちひさき鳥のかたちして夕日の岡に銀杏散るなり

○金色のちひさき鳥のかたちして銀杏散るなり夕日の岡に

前者だと、「鳥」と「銀杏」のイメージの重なりが、間に「夕日の岡に」がはさまることで、ぼやけてしまいますよね。後者は、ひらひらと鳥のように舞う銀杏の葉にフォーカスした後に、夕映《ゆうば》えに照らされた岡の全景があらわれるという、映像《えいぞう》的な効果が感じられます。

参考

金色の……
作者は与謝野晶子《よさのあきこ》。

なお、この歌は四句切れの歌でもあります。

2　体言止め　体言（名詞）で短歌を終わらせる。

（例）いつしかに春の名残となりにけり昆布干場のたんぽぽの花

体言止めを用いると、最後に余計なものを付け足していない、いさぎよい印象となり、かえって余韻《よいん》が残りますね。

3　擬人法《ぎじんほう》　人間でないものを人間にたとえて言い表す。

（例）稲刈りてさびしく晴るる秋の野に黄菊はあまた目を開きたり

「目を開きたり」は、黄菊が花を咲《さ》かせていることを、人間が目を開いているようだ、とたとえています。これが擬人法です。

4　比喩法《ひゆほう》　たとえを用いて表現する。

直喩《ちょくゆ》を用いる場合、「(まるで)～ようなﾞ」と表記されることが多いですが、短歌や俳句では「ような」「ように」のかわりに「ごとき」「ごとく」を使うことも多いです。隠喩《いんゆ》も多く用いられます。

参考

直喩と隠喩

「先生はまるで鬼《おに》のようだ」と、「鬼」が比喩であることが明示されているのが「直喩」。「先生は鬼だ」と、「鬼」が比喩であることが明示されていないのが「隠喩」。

（例）冬やまの林を行きてかわきては鹿のごとくに水飲まんとす

5　対句《ついく》　形や意味などが対になった言葉をならべる。

（例）かにかくに渋民村《しぶたみむら》は恋《こい》しかり思ひ《い》出の山思ひ《い》出の川

この歌では「思ひ出の山」と「思ひ出の川」が対句になっています。

○俳句

●俳句とは何か

俳句とは、**五・七・五**の**十七音**からなる、**世界で最も短い定型詩**です。

短歌はもともと「和歌」と呼ばれ、奈良・平安時代から歌いつがれてきた表現形式であるのに対して、俳句はまだ歴史が浅い表現形式です。江戸《えど》時代に流行した「俳諧《はいかい》の連歌《れんが》」という集団創作《そうさく》方法の中から、冒頭《ぼうとう》の五・七・五（「発句《ほっく》」といいます）を独立して鑑賞《かんしょう》するようになったものが「俳句」です。

「俳諧」は、**松尾芭蕉《まつおばしょう》**によって芸術的に完成されました。また芭蕉の他にも、**与謝蕪村《よさぶそん》**や**小林一茶《いっさ》**というすぐれた俳人が、江戸時代にはあらわれ

参考

冬やまの……
作者は川田順《かわだじゅん》。

かにかくに……
作者は石川啄木《いしかわたくぼく》。

正岡子規《まさおかしき》の俳句・短歌革新運動
明治時代の文人《ぶんじん》である正岡子規は、「俳句」革新運動を進め、「俳諧の発句《ほっく》」を意味した「俳句」を独立させ、新たな文芸ジャンルとして定着させました。また子規は「短歌」革新運動も進め、「俳句」でも「短歌」でも、目の前にある自然をたんたんと描写し、そこに心情をたくす「写生」という方法論《ろん》を確立しました。

ました。明治に入ると、正岡子規《まさおかしき》によって、俳諧を近代化する革新《かくしん》運動が進められ、「俳句」の創作と鑑賞が定着しました。

例題：五・七・五に区切って音読しましょう。

①柿《かき》食えば鐘《かね》が鳴るなり法隆寺《ほうりゅうじ》

②いくたびも雪の深さを尋《たず》ねけり

③秋空を二つに断《た》てり椎大樹《しいたいじゅ》

●切れ字

短歌・俳句の中に出てくる**「や」「かな」「けり」**を**切れ字**といいます。切れ字は、句の切れ目を表すとともに、その句の感動の中心を表します。

(例) 夏草や|ベースボールの人遠し

遠山に日のあたりたる枯野《かれの》かな|

赤い椿《つばき》白い椿と落ちにけり|

●季語

俳句には季語を入れるきまりになっています。季語とは、春・夏・秋・

柿食えば……作者は正岡子規。

いくたびも……作者は正岡子規。

秋空を……作者は高浜虚子《たかはまきょし》。

夏草や……作者は正岡子規。

遠山に……作者は高浜虚子。

赤い椿……作者は河東碧梧桐《かわひがしへきごとう》。

冬の季節を表す言葉で、どの季語がどの季節を表すかは、「歳時記《さいじき》」という本を見ればわかります。以下は、覚えておきたい季語です。

◆**春（新暦《しんれき》2月～4月）**

気候…残雪・雪残る・雪どけ・かすみ・あたたか

植物…桜・花（花といえば桜のこと）・梅・菜の花・桜草・すみれ草・藤《ふじ》・椿《つばき》

生物…かわず（かえる）・ちょう・ひばり

その他…畑打つ・遠足

◆**夏（新暦5月～7月）**

気候…五月雨《さみだれ》・入梅《にゅうばい》（梅雨《つゆ》入り）・入道雲・夕立

植物…新緑・若葉・麦秋《ばくしゅう》（麦の秋）・ぼたん・ひまわり

動物…ほととぎす・金魚・かぶと虫・せみの声・蝉時雨《せみしぐれ》・蛍《ほたる》

その他…こいのぼり・泳ぎ・田植え

◆**秋（新暦8月～10月）**

気候…残暑・天の川・月・名月・台風・夜寒

植物…秋桜（コスモス）・朝顔・すすき・柿・菊・萩《はぎ》

生物…虫（の声）・渡《わた》り鳥《どり》・きつつき・赤とんぼ

その他…七夕《たなばた》

◆**冬（新暦11月～1月）**

気候…枯野《かれの》・時雨《しぐれ》・小春（小春日和《びより》）・木枯《こが》らし・落ち葉・雪・霜《しも》

植物…大根・ねぎ

その他…かぜ・スケート・ふとん

○**漢詩**

日本の歴史をざっくりまとめてしまうと、幕末まで（前近代）の日本は、中国文明の影響《えいきょう》を強く受け、明治以降（近代）の日本は、西洋文明の影響を強く受け、現在に至《いた》っています。中国からは文章や詩が、多く日本に伝わりました。この文章を**「漢文」**、この詩を**「漢詩」**と呼びます。

中国で古典として評価されている漢文・漢詩は、日本でも古典として愛読されるようになりました。しかしこれらは当然ながら、すべて漢字で表記された中国語の文章です。今とちがって、文物を通してしか中国語を勉強できない日本人は、なんとかしてこの中国語の文章を読みこなすために、記号をつけ、かなを補い、日本語の自然な順序で読み直す方法である**「訓読」**を発明しました。さらに、漢文・漢詩をこの「訓読」にしたがって書き直したものを、**「書き下《くだ》し文」**といいます。

では、日本人が最も親しんできた漢詩の一つ、「春暁《しゅんぎょう》」を紹介します。幕末までの日本人は、これを音読して味わっていましたので、みなさんも、最初は意味がわかりにくいかもしれませんが、書き下し文を何回か音読してみて下さい。

◆白文（漢詩の原文）

春暁　**孟浩然《もうこうねん》**

春眠不覚暁
処処聞啼鳥
夜来風雨声
花落知多少

◆書き下し文

春眠《しゅんみん》暁《あかつき》を覚えず
処処《しょしょ》啼鳥《ていちょう》を聞く
夜来《やらい》風雨《ふうう》の声
花落つること知る多少

◆現代語訳

春の眠《ねむ》りは気持ちがよく、夜明けが来たのも気がつかない。
あちこちから、鳥のさえずりが聞こえてくる。
昨晩《さくばん》は雨風の音が響《ひび》いていた。
花はどれほど散ってしまったことだろう。

春の情景が描かれています。夏は暑くて寝苦《ねぐる》しく、冬も寒くて目がさめてしまったりしますが、春になるとぐっすり眠れるというのは、よくわかりますよね。そして、単に春のおだやかな情景を描写《びょうしゃ》するだけではなく、前夜の雨風と対比することで、一夜明けて気持ちのよい朝が来た、という印象が強まっています。

この漢詩の冒頭の「春眠暁を覚えず」は、ことわざとして定着しています。このように、漢文・漢詩にふくまれる印象深い語句が、ことわざや故事成語として、日本語の仲間入りをすることにもなったのです。

確《かく》認《にん》問《もん》題《だい》

解答252ページ

1 あとの短歌について、何句切れか、それぞれ答えましょう。また、字余《あま》りの短歌をすべて選びましょう。

1. おりたちて今朝《けさ》の寒さを驚《おどろ》きぬ露《つゆ》しとしとと柿《かき》の落葉深く
2. 石崖《いしがけ》に子供《こども》七人こしかけて河豚《ふぐ》を釣《つ》りおり夕焼け小焼け
3. 向日葵《ひまわり》は金の油を身にあびてゆらりと高し日のちひ《（い）》ささよ
4. 雪降《ふ》れば山よりくだる小鳥おほ《（お）》し障子《しょうじ》の外にひねもす聞こゆ

2 あとの俳句《はいく》について、それぞれ季語をぬきだし、季節も答えましょう。また、切れ字を用いた句はどれか、番号で答えましょう。

1. 五月雨を集めて早し最上川《もがみがわ》
2. 古池や蛙《かわず》飛び込《こ》む水の音
3. 花の雲鐘《かね》は上野か浅草か
4. 柿食えば鐘《かね》が鳴るなり法隆寺《ほうりゅうじ》

参考

おりたちて……
作者は伊藤左千夫《さちお》。
石崖に……
作者は北原白秋《はくしゅう》。
向日葵は……
作者は前田夕暮《ゆうぐれ》。
雪降れば……
作者は島木赤彦《あかひこ》。
五月雨を……
作者は松尾芭蕉《まつおばしょう》。
古池や……
作者は松尾芭蕉。
花の雲……
作者は松尾芭蕉。
柿食えば……
作者は正岡子規《まさおかしき》。

16 古典芸能

日本では、各時代に生まれた芸能が、その本来の形をなるべく壊《こわ》さないようにして現在まで伝承《でんしょう》されており、東京・京都・大阪といった都市圏《けん》では、各時代の芸能を、まるで博物館のように見て回ることができます。これは世界的にも珍《めずら》しく、海外から訪《おとず》れる観光客にとって、大きな魅力《みりょく》となっています。芸能はもともと神事や祭礼に由来するものですが、時代が下るにつれて、観客に見せるものへと世俗《せぞく》化をとげてきたと考えられます。代表的なものを紹介《しょうかい》します。

○能《のう》

南北朝時代から室町時代にかけて、様々な歌舞《かぶ》や雑芸《ぞうげい》を含《ふく》んだ芸能である猿楽《さるがく》から発展《はってん》し、芸術性を高めた歌舞劇《げき》が能です。橋がかりが設けられた三間四方の舞台《ぶたい》で、舞《まい》による演技と、謡《うたい》（歌唱）と囃子《はやし》（演奏《えんそう》）による音楽を融合《ゆうごう》させて、物語を演じます。また、シテ（主役）が多くの場合、能面（仮面）をつけるのも特徴的です。室町幕府《むろまちばくふ》の三代将軍《しょうぐん》・足利義満《あしかがよしみつ》の庇護《ひご》のもと、能楽師《のうがくし》の**観阿弥《かんあみ》**・**世阿弥《ぜあみ》**親子によって完成されました。人間の哀《かな》しみや苦しみ、嘆《なげ》きや怒《いか》り、またそれに対する鎮魂《ちんこん》や祈《いの》りを、幻想《げんそう》的なタッチで描《えが》く演目が多いです。

○狂言《きょうげん》

能と同じく猿楽から発展し、能とは対照的に、セリフを中心として演じられる喜劇です。ほとんどの場合、仮面はかぶりません。能が象徴《しょうちょう》的な表現だとすれば、狂言は写実的な表現だといえます。太郎冠者《たろうかじゃ》、大名《だいみょう》、女、山伏《やまぶし》、僧侶《そうりょ》、詐欺師《さぎし》（すっぱ）など、庶民《しょみん》的なキャラクターが、時にこっけいな、時に風刺《ふうし》的な物語を、面白おかしく演じます。能と交互《こうご》に、同じ舞台で上演されるのが基本です。

参考

三間四方《さんけんしほう》

一辺の長さが三間（約五・四メートル）の正方形。

○**人形浄瑠璃《じょうるり》（文楽《ぶんらく》）**

江戸時代に発生・発達した、日本オリジナルの人形劇です。古くから存《そん》在《ざい》した、浄瑠璃という語り物芸と、傀儡師《かいらいし》たちの人形遣《づか》いの芸が、江戸時代に入り融合して、新たに人形浄瑠璃が成立しました。江戸中期には、音楽面は、浄瑠璃の中でも**義太夫節**《ぎだゆうぶし》と呼ばれる、技巧《ぎこう》的な語りと太棹《ふとざお》の三味《しゃみ》線《せん》による語り物に一本化され、人形面は、三人で一体を操作《そうさ》する方法に一本化されました。**近松門左衛門**《ちかまつもんざえもん》が作者として活躍《かつやく》し、**『曽根崎心中』**《そねざきしんじゅう》や**『国姓爺合戦』**《こくせんやかっせん》で大ヒットを飛ばしました。同時期の歌舞伎とは互いに影響を与え合う関係で、三大名作**『菅原伝授手習鑑』**《すがわらでんじゅてならいかがみ》**『義経千本桜』**《よしつねせんぼんざくら》**『仮名《かな》手本忠臣蔵』**《でほんちゅうしんぐら》は、歌舞伎でも人気演目になりました。

○**歌舞伎《かぶき》**

江戸時代に発生・発達した、日本オリジナルの演劇（ミュージカル）です。**阿国**《おくに》という少女アイドルが、「かぶき者」と呼ばれる派手な浪人《ろうにん》のスタイルで（つまり男装で）踊《おど》る**「かぶき踊り」**が源流《げんりゅう》で、これはたちまち**「女歌舞伎」**の流行を生みますが、「けしからん！」と幕府により禁止

参考

文楽

人形浄瑠璃を「文楽」とも呼びます。江戸時代後期、植村文楽軒《うえむらぶんらくけん》という興行師が、大阪に「文楽座《ざ》」という人形浄瑠璃の劇場《げきじょう》＝劇団を設立して、衰退《すいたい》しかけていた人形浄瑠璃を復興しました。大正時代以降《いこう》、人形浄瑠璃の劇場＝劇団で残ったのが「文楽座」だけとなったため、「文楽」が人形浄瑠璃の代名詞《だいめいし》として呼ばれるようになりました。

されます。すると今度は少年アイドルによる**「若衆歌舞伎《わかしゅう》」**が大流行し、またしても「けしからんものはけしからん!!」と禁止されます。しかし「少年は出演させず、歌や踊りよりもドラマを演じる」という条件で上演許可が下り、**「野郎《やろう》歌舞伎」**が成立します。これにより、老若男女《ろうにゃくなんにょ》から魑《ち》魅魍魎《みもうりょう》までを野郎（成人男性）が演じる、現在にまで続く基本形ができあがりました。

演目は、**勧善懲悪《かんぜんちょうあく》**の世界観を基調とし、**時代物**（歴史劇）・**世話物**（現代劇）・**松羽目物《まつばめもの》**（能・狂言から取り入れたもの）・**所作事《しょさごと》**（舞踊《ぶよう》）に分類できます。花道やセリや廻《まわ》り舞台などを活用した大がかりな演出、キャラクターをデフォルメした派手《はで》な隈取《くまどり》（メーキャップ）、華美《かび》な衣裳《いしょう》、立ち廻りや宙乗りといったアクション、見得《みえ》を切ったり六方《ろっぽう》を踏《ふ》んだりする様式的な演技スタイル、義太夫・長唄《ながうた》・清元《きよもと》・常磐津《ときわづ》といったバラエティに富んだ音楽……と、どこを取り出しても歌舞伎は、江戸時代が生んだ絢爛《けんらん》豪華《ごうか》な一大エンタテインメントだといえます。

確《かく》認《にん》問《もん》題《だい》

解答253ページ

1 古典芸能の能《のう》・歌舞伎《かぶき》に関連する、以下の問いに答えましょう。

1. 観阿弥《かんあみ》・世阿弥《ぜあみ》親子が能を完成させたと言われていますが、このとき能を庇護《ひご》した将軍は誰《だれ》ですか。

ア 足利尊氏《あしかがたかうじ》　イ 足利義満《よしみつ》　ウ 足利義持《よしもち》　エ 足利義政《よしまさ》

2. 1で答えた将軍が建てた寺院の通称《つうしょう》は何ですか。

ア 興福寺《こうふくじ》　イ 延暦寺《えんりゃくじ》　ウ 金閣寺《きんかくじ》　エ 銀閣寺《ぎんかくじ》

3. 奥州平泉《おうしゅうひらいずみ》を目指す源義経《みなもとのよしつね》一行が、加賀《かが》の国・安宅《あたか》の関所を山伏《やまぶし》に化けて通過しようとして関守《せきもり》に止められ、丁々発止《ちょうちょうはっし》のかけひきを繰《く》り広げる能の演目『安宅』は、歌舞伎にも「松羽目物《まつばめもの》」として取り入れられましたが、歌舞伎では何というタイトルで上演されていますか。

ア 『身替座禅《みがわりざぜん》』　イ 『棒《ぼう》しばり』

ウ　『船弁慶《ふなべんけい》』　　エ　『勧進帳《かんじんちょう》』

4．3で答えた演目は、いわゆる「歌舞伎十八番」の一つです。この「歌舞伎十八番」をお家芸と定めた名跡《みょうせき》（受け継がれる役者の名前）は、次のうちどれですか。

ア　市川團十郎《いちかわだんじゅうろう》　　イ　尾上菊五郎《おのえきくごろう》　　ウ　中村勘三郎《なかむらかんざぶろう》
エ　片岡仁左衛門《かたおかにざえもん》

2

人形浄瑠璃《じょうるり》および歌舞伎の「三大名作」のうち、赤穂浪士《あこうろうし》の吉良邸《きらてい》討《う》ち入り事件をドラマ化したものは、次のうちどれですか。

ア　『菅原伝授手習鑑《すがわらでんじゅてならいかがみ》』　　イ　『義経千本桜《よしつねせんぼんざくら》』
ウ　『仮名手本忠臣蔵《かなでほんちゅうしんぐら》』　　エ　『東海道四谷怪談《とうかいどうよつやかいだん》』

17 説明的文章（1）

まずは、文章の種類分けと、その一つである説明的文章の特徴《とくちょう》について、簡単《かんたん》に説明します。

○文章の種類

①説明的文章……ある事実について、調査や分析《ぶんせき》をして、報告・説明するもの。またその事実にもとづいて、自分の意見を述べるもの。説明文、論説《ろんせつ》文（評論）、報告文、報道文、学術論文など。

②文学的文章……空想を広げたり、感性を働かせたりして、主として人間の心の中や、印象深い出来事について、ことばたくみに表現するもの。物語、小説、詩、短歌、俳句《はいく》、戯曲《ぎきょく》、随筆《ずいひつ》、紀行文など。

③実用的文章……日常生活の中で、具体的な必要があって書かれるもの。

取り扱《あつか》い説明書、契約《けいやく》書、企画《きかく》書、法律《ほうりつ》、広告など。

○説明的文章の分類

①分析型＝ある事実について、調査・分析・研究した内容を、報告・説明・解釈《かいしゃく》するもの。（説明文、報告文、報道文、学術論文など）

②意見型＝ある問題について、調査・分析・研究した事実を踏《ふ》まえて、自分なりの意見を述べるもの。（論説文など）

○説明的文章の基本構造

分析型であれ、意見型であれ、**「〜とは何か？」「〜のはなぜか？」「〜にはどうするか？」**といった**テーマ**、すなわち、**問い**を立てて、それに**答え**を出そうとするのが、説明的文章の基本パターンです。この問いへの答えは、必ず**「なぜなら〜」**という**根拠《こんきょ》**をともなっており、この根拠があるおかげで、読者を説得することが可能となります。根拠は、様々なデータや実験結果の引用、過去の事例の紹介《しょうかい》、自分自身の体験談の紹介など、**具体例**として提示されることが多いです。

○説明的文章の意味段落《だんらく》の構成

代表的なものは次の通りで、色々なパターンがあります。

後で読む確認《かくにん》問題の課題文も、**意味段落分け**をして、どの意味段落が問いで、どれが根拠で、どれが答えに相当するか、考えてみて下さい。

問い／根拠／答え

問い／答え／根拠

（問いなし）根拠／答え

（問いなし）答え／根拠

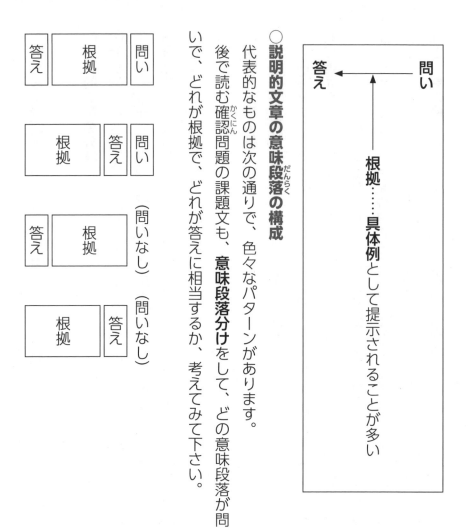

○説明的文章の要約

以上のように、説明的文章は、基本的に**「問い・根拠・答え」**で構成されていますので、それぞれを短くまとめることができれば、それがそのまま**全体の要約**にもなります。まずは「問い」と、それに対する「答え」を読みとり、そのうえで何が「根拠」なのかをまとめれば良いでしょう。

ただし、**「問い」は明示されない場合もある**ので、その場合は、「この文章はどういう問い（テーマ）に答えようとしているのか？」を、自分で考えてみて下さい。

○説明的文章の要点

要約は、他人の書いた文章という、複雑で膨大《ぼうだい》な情報を、自分の頭で整理し直して、「つまり何が言いたいのか？」を引き出す作業です。これができれば、その文章を自分なりに理解した、他人の考えを自分の栄養にした、ということになります。ですから、説明的文章を読むときには、たとえ要約を文章にしてまとめる余裕《よゆう》がなくても、**「この文章は、何がテーマ（問い）で、それに対してどんな答えを出していて、その根拠は何なの**

か？」と、常に自分に問いかけるくせをつけましょう。そのためには、**意味段落分け**をして、それぞれの意味段落が「問い・根拠・答え」のどれに相当しているかを、判断すれば良いでしょう。

そして、**筆者がいちばん言いたいこと（要点）**は、「問い・根拠・答え」の中の**「答え」にまとめられている**ので、授業や試験で「結局、筆者の言いたいことは？」と質問されたら、その説明的文章の「答え」を簡潔に述べれば良いでしょう。

では、**意見型**の説明的文章を読んでみましょう。

確《かく》認《にん》問《もん》題《だい》

解答254ページ

次の文章を読んで、あとの問いに答えましょう。

1 いま東京をはじめとして、全国の自治体がゴミの問題で悲鳴をあげています。自分の出したゴミを自分たちのところで処理《しょり》し切れないところまでゴミ問題はきているのです。（中略）

2 私たちがいわゆる豊かな暮《く》らしを求め、多くのものを欲《ほっ》する生活を続けている限りは、①出口がない。入り口ばかりが大きくなっていって、出口はどんどん詰《つ》まっていくばかりです。もちろん、リサイクルをしてゴミの量を減らそうという努力も貴重《きちょう》なんですけれども、基本的に生活そのものを変えていかなくては根本の解決策《さく》にはなりません。じゃあどうすればいいのだろうか。そこでまず、②かつてのゴミの出なかった生活と、いまのゴミの出る生活とのちがいは基本的に何なのかを考えてみたいと思います。

3 まずいちばん大きいのは、土から出たものを基本に生きるか、地下から掘《ほ》り出したものを中心に生きるかのちがいになるのではないでしょうか。土から出たものというのは、土に育ったものといっていいのですが、つまり生物的なもののことです。食べ物を中心にする、あるいは木質を中心にするものであれば、それは土にも戻《もど》るし、燃やせば灰《はい》にもなる。かつての暮らしは、食べ物は体の中を通ってし尿《にょう》になる。し尿は肥料として畑にかえる。生活の中で出る木くず、紙くずも風呂場などで燃やせば灰になる。そしてその灰もまた畑で肥料となって使われる。こうやってすべてが循環《じゅんかん》していたので、ゴミにはならなかった。つまり、基本的に循環の生活であれば、ゴミは出ないわけです。

4 服でもそうです。着物（和服）というのは実に巧妙《こうみょう》にできています。着物は糸をほどくと四角い布にもどります。ところが洋服だと、作りかえて着るということができないわけです。体が太ったら、とたんに着られなくなってしまう。

5 家でも、木を使って、金属質のものはあまりたくさん使わないで組み立てました。釘《くぎ》を最小限に使ってじょうずに組み立てていった

参考

文中に出てくることば

し尿＝大便と小便。

循環＝ぐるぐるとまわり、もとに返ることのくり返し。

建物は、解体した後もまた、用材として使えるわけです。同じように使えなくても、形を変え、最後まで使い切っていける。かつての日本の文化の中では「リサイクル」なんていうモダンな言葉はなかったけれども、基本的にものの寿命《じゅみょう》、ものの生命というものを大事にして、順ぐり順ぐりに使っていたんです。それは、③衣食住すべてにわたってそうだったのです。

6 コロコロと新しいものを求めて流される暮らしというのは、それを得たときは満足感があるけれども、その満足感は非常に表面的なものではないでしょうか。自分たちの生きることに必要なものと自分との間に、いわば感情がつながるような世界というものをもたないのではないか。だから、つぎつぎ買っては捨《す》てていく。

(中略)

7 生きた自然の中から与《あた》えられたものをもとにして生活しているときには、生きた自然に返せば生きた自然が全部始末してくれるんです。だからゴミの問題というのはおこらなかった。循環の中ではおこらない。ゴミのでない暮らしとはなにかを考えると、④そういう農的な循環のあるくらしに戻っていくのです。

（槌田劭《つちだたかし》『地球をこわさない生き方の本』より）

問一　――線①「出口がない」とはどういうことを言っていますか。本文中での意味を答えましょう。

問二　――線②「かってのゴミの出なかった生活」と同じものを、次のア～オの中から二つ選びましょう。

ア　多くのものを欲し、豊かになろうとする生活

イ　土から出たものを基本にする生活

ウ　地下から掘り出したものを中心にする生活

エ　新しいものを求めて流される生活

オ　自然の中ですべてが循環している生活

問三　――線③「衣食住すべてにわたってそうだった」について、次の

参考

槌田劭（つちだ・たかし）

一九三五～　物理学者。専攻《せんこう》は金属物理学。一九七六年、京都大学工学部助教授（金属物理学）辞職。一九七三年、「使い捨て時代を考える会」設立。著書《ちょしょ》に『地球をこわさない生き方の本』、『脱《だつ》原発・共生への道』など。

(1)・(2)の問いに答えましょう。

(1)「そうだった」とはどうだったのですか。その内容にあたる部分のはじめと終わりの五字をぬきだしましょう。

(2)「衣食住」のうち「衣」の例で、「ゴミの出る生活」にあたるものを答えましょう。

問四　――線④「そういう農的な循環のあるくらし」とはどういうくらしのことですか。わかりやすく説明してみましょう。

問五　筆者がゴミ問題を解決するのに、一番重要だと考えているのはどういうことですか。本文に即《そく》して説明してみましょう。

18 説明的文章（2）

○設問対応の基本

文章題の基本形式は**「与《あた》えられた課題文を読んで、その課題文についての設問に答える」**という、シンプルなものです。ただし気をつけてほしいのは、**「私がどう思うか」ではなく、「筆者が何と言っているか」を答える**、ということです。設問に答える際、課題文の記述を確かめず、ぼんやりと自分の記憶《きおく》（読んだばかりの課題文についてのばくぜんとした印象）だけで答えようとすると、そのつもりがなくても、うっかり「私がどう思うか」という主観が入り込《こ》んでしまうかもしれません。それを避《さ》けるために、設問に答える際は、めんどうでも「筆者が何と言っているか」を、そのつど課題文中で確認《かくにん》するようにして下さい。

○傍線《ぼうせん》問題

課題文中に傍線が引かれ、「――とあるが、どういうことか」「――とあるが、なぜか」「――とあるが、このとき誰《だれ》それは、どういう気持ちだったか」といったことが問われるのが、傍線問題です。解答の形式は、抜《ぬ》き出し、選択《せんたく》式、記述式など色々です。

この場合、**解答となる記述が、課題文中のどこかに存在《そんざい》している**ことがほとんどなので、いきなり「自分が受けた印象」にたよって答えを出すのではなく、課題文中に答えをさがしてみましょう。

解答は、傍線部の近くにあることが多いので、まずは傍線部の直前・直後をよく読んでみて下さい。接続語や指示語が、解答の手がかりになることも多いです。

例題：次の文章の傍線部に「なぜ私たちは写真の中に、わざわざ〝幽霊《ゆうれい》〟を見つけては怖《こわ》がるのか」とあるが、この理由を筆者はどう考えているか。次にあてはまるように、本文の語句を抜《ぬ》き出しましょう。

人間は［　二十一字（句読点ふくむ）　］から。

心霊《しんれい》写真はなぜ怖いか

昔のテレビ番組では、夏になると必ず心霊写真が話題となった。その多くは目の錯覚《さっかく》やトリックによるものだったが、それにしても、なぜ私たちは写真の中に、わざわざ〝幽霊〟を見つけては怖がるのか。人間の目には見えないものが写真にはうつっている、というのはよく考えると不思議なことだ。幽霊なんて実在するにしても、きわめて精神的な存在だろうと思うのだけれど、それが近代的なテクノロジーによってのみ記録されうるというのは、矛盾《むじゅん》してはいないか。だがそもそも写真は、そこにあったはずなのに、私たちの目が見落としてしまったものをうつしだすメディアだ。人間の記憶がいかにあいまいか、現実にはそこに何が存在していたかを、写真は無情にもつきつけてくる。私たちはおそらく、自分の目で見ることに、自信を失ってしまったのだ。ここに恐怖《きょうふ》の根源《こんげん》がある。だから私たちは、写真の中についつい〝幽霊のようなもの〟を見つけてしまうのだ。

この課題文は、「なぜ私たちは写真の中に、わざわざ〝幽霊〟を見つけては怖がるのか」を問い（テーマ）とする分析《ぶんせき》型の文章で、この問いが、そのまま設問になっています。したがって、この問いの答えが見つかれば、それがそのまま設問の解答となります。

そこでまず、要約を作成して、文章全体から答えを探《さが》してみます。

問い＝なぜ私たちは写真の中に幽霊を見つけて怖がるのか。
根拠《こんきょ》＝写真というテクノロジーは、私たちの目が見落としたものを、無情にもつきつけてくるので。
答え＝私たちは自分の目で見ることに自信を失ったから。

これで一応解答にはたどりつけましたが、もう一つ、本文を細かく読んで答えを見つけるやりかたを、練習してみましょう。

解答に当たる記述は、この場合、傍線の直前直後には見当たりません。しかし課題文の最後に「だから私たちは、写真の中についつい〝幽霊のようなもの〟を見つけてしまうのだ。」とあり、傍線部の問いに答えていることがわかります。これが**解答の手がかり**となります。「だから」という

接続語で始まっているので直前を見ると、「ここに恐怖の根源がある。」とあり、「ここ」という**指示語**があるのでさらに直前にさかのぼると、答えが見つかりました。

答：人間は ［自分の目で見ることに、自信を失ってしまった］ から。

○抜き出し

右のような抜き出し問題は、どこに答えがあるかが、**意味段落分《だんらく》け**からわかることが多いです。答えがある意味段落あるいは形式段落がわかったら、解答の**字数**と、**結びの形**を解答の手がかりとして答えを探します。右の設問では、「から。」に続く形が求められましたから、抜き出しの結びには述語が来るということがわかりました。もし「――とあるが、どういうことか」と問われたら、「～ということ」というふうに、答えは「こと」もしくは他の体言で結ぶはずですから、そのような記述を探すことになります。

○選択式

　選択式の傍線問題の場合でも、さきほどの抜き出しの設問と同様で、①課題文中の**解答の手がかり**を探し、②**解答に当たる（あるいは、解答の根拠となる）記述**を確定し、③**いちばん近い選択肢《し》**を選ぶのが基本になります。①②の方針《ほうしん》が立たない場合は、選択肢それぞれのまちがい箇所《かしょ》を確定し、**消去法**で解答をあぶり出します。最初から消去法にたよらないようにしましょう。

○記述式

　長い記述が求められる設問は三パターンあります。①抜き出し。②課題文の記述に即《そく》しながら、自分の言葉をおぎなって書くもの。③ほとんど自分の言葉で書くもの。まず、どのパターンかを、はっきりさせましょう。

　②は、課題文中のどの記述が解答になるかを確定したうえで、設問への解答として適切であるように、形を整えます。その際、

●**問「どういうことか。」→答「～こと。」（体言《たいげん》止め）**

●**問「どういう気持ちか。」→答「～という気持ち。」**

●問「なぜか。」→答「〜から。」

というふうに、**設問に呼応《こおう》する結び**にします。**字数指定**があるかないか、**句読点**をふくむかどうかにも注意して下さい。書き終わったら、読み直して、漢字や文章をチェックして下さい。

③の場合は、どの程度自由に書けるかを、設問をよく読んで確認して下さい。課題文から推定《すいてい》できることを書くのか、テーマに従《したが》って書きたいことを書くのか、まちがえないようにしましょう。

○**空欄補充《くうらんほじゅう》**

空欄を埋《う》める問題は、その空欄の直前・直後に解答の手がかりがある場合がほとんどなので、まずは**直前**・**直後**をよく読んで、答えを考えましょう。答えが書けたら、空欄の前後を通して読んで、おかしくないか確認して下さい。

○**脱文補充《だつぶんほじゅう》**

「この文章には、次の一文が抜けています。どこに戻《もど》せばよいですか」

と言うタイプの設問です。この、抜けている文を脱文といいますが、**解答の手がかりは脱文中にあります**。脱文中の**接続語、指示語、キーワード**（何度も登場する語句）などに注意して、直前・直後の内容がどうなるかを考えてみて下さい。**意味段落分け**から、解答が確定できることも多いです。答えがわかったら、脱文の前後を通して読み、おかしくないか確認して下さい。

○文章整序

順番が入れかえられた複数の文や形式段落を、元の順番に戻す問題です。**接続語、指示語、キーワード**が解答の手がかりになります。解答ができたら、その順番で読んでおかしくないか確認して下さい。

○内容正誤《せいご》

「以下の選択肢の中で、本文の内容に合っているもの（あるいは合っていないもの）はどれか」というタイプの設問です。これは、文章全体の理解が問われますので、**消去法**で対応するのが早いです。**選択肢ひとつひとと**

つの、本文と食いちがうポイントを、本文と照らし合わせながら確認していきます。本文を読んだ記憶だけにたよって急いで解くと、足元をすくわれますので、注意して下さい。

では、**分析型**の文章を2題、解いてみましょう。意味段落分けをやってから、設問に進んで下さい。

確《かく》認《にん》問《もん》題《だい》

解答256ページ

1 次の文章を読んで、あとの問いに答えましょう。

[1] 君が、学校から帰るとちゅうで、いじめっ子らしいこどもにであうとする。相手は強そうだ。①なんとなくこわい感じがする。そのとき、自分のこころの中に浮《う》かんでくる衝動《しょうどう》を、君は見つめるがいい。だれも、君といっしょにいなかったら、君は[1]帰るだろう。相手にならないのが、じっさいにも、りこうなことだ。

[2] しかし、君がだれか君の知っているなかまといっしょだったら、どうだろうか。そのなかまに、ひきょう者だと思われるのがいやな場合だったら。君は、知らぬ顔で、そのいじめっ子のいる道を[2]だろうと思う。「おまえは、弱虫だから、あいつのいる道を通れないだろう。だらしねえな。」なんて、そのなかまがいえば、なおさら、まわり道をしにくくなる。相手に勝てる自信がなくとも、なんとかして、相手に向かっていかなければならないような気

持ちがわいてくるのを感じる。

3 こんなことは、想像すればわかることだが、じっさいにも似たような経験をしたものが多いだろう。そのときの、君のこころの中に起こっていることを、図式のようにして考えてみたらいい。まず、

4 君が、いじめっ子の前で感じた二つのこわさの、ひとつは自然のこわさで、もうひとつは社会から罰《ばつ》を受け、のけものにされるというこわさだった。そして、そこで二つのこわさがたたかいあうことになった。そのどちらが勝つかによって、それとつながりを持った衝動が、外側に行動となってすがたを現すことになったのだ。それを、自然のままの人間の本能と、社会を作っている人間の本能のあらそいと見ることもできるだろう。

5 この逃《に》げださずに、たたかう気持ちは、ぼくたちの社会では勇気という名まえで呼《よ》ばれている。そして、②逃げたい気持ちを、ひきょ

うだとか、おくびょうだとか呼ぶ。ぼくたちの社会は、前のほうの衝動をりっぱなものと考え、あとのほうの衝動を価値《かち》の低いものだとしている。しかし、こうして、心の底をのぞいてみると、ただいいとか悪いとかで、かたづけられるべきものではないことがわかるだろう。勇気だとか、おくびょうだとかは、人間にしか問題にならない価値、社会的な価値ではかっている、よいこと、わるいことなのだ。

6 少しヘソまがりな逆の見かたをすると、自然の人間の本能からでた衝動は強い。そのままだったら、人間はこわいものにであったら、みんなかってに逃げだしてしまい、社会はくずれてしまう。社会というグループ全体として、自分たちをまもることなど、できはしないだろう。だから、その強い自然の衝動に勝つために、逃げずにたたかう衝動を勇気と呼んではげまし、逃げだす衝動をおくびょうと呼んでおさえつける必要があったわけだ。

7 こうして、勇気というものは、どういう理由で、どんな場合に、何を目的にしたものかを考えないと、しばしば、ぼくたちをむだに危険《きけん》にさらすだけのことに終わる。ときには、おくびょうものと呼ばれてもいいから、かしこく逃げだして危険をさけるほうが、ずっと強いこころの力を必要とすることだってあるのだ。そのことを、君たちは、よく考えてみる必要があるだろう。

（なだいなだ『心の底をのぞいたら』より）

問一　3段落の［　　］の部分には、次のア〜エの文がはいります。正しく意味の通るように並《なら》べかえましょう。

ア　その二つめのこわさが、君に逃げる衝動をおさえさせて、べつの反対の行動へまっすぐ進ませる。

イ　相手がこわいという感情がおこり、それが君に逃げたい衝動を与える。

ウ　こわいものに挑戦《ちょうせん》させる衝動を、おこさせるのだ。

エ　しかし、逃げたらひきょうだ、弱虫だといわれる、別のなかまから軽蔑《けいべつ》されることのこわさが、同時に君のこころに生まれる。

参考

なだいなだ

一九二九〜二〇一三　精神科医・作家・評論家《ひょうろんか》。慶應義塾《けいおうぎじゅく》大学医学部を卒業し、病院勤務《きんむ》のかたわら、「何もなくて何もない」という意味のスペイン語に由来する「なだいなだ」をペンネームとして文筆活動を続ける。代表作に『パパのおくりもの』、『娘《むすめ》の学校』、『権威《けんい》と権力』など。医師としてはアルコール依存症《いぞんしょう》治療《ちりょう》の先駆者《せんくしゃ》。

問二 [1]・[2] の中に入ることばの組み合わせを、次のア～ウから選びましょう。

ア　1　まっすぐに　2　まわり道する

イ　1　まわり道して　2　通っていこうとする

ウ　1　まわり道して　2　さけようとする

問三　――線部①「なんとなくこわい感じがする」とありますが、この場合の「こわさ」はどういう感情ですか。文中のことばを使って答えましょう。

問四　――線部②「逃げたい気持ちを、ひきょうだとか、おくびょうだとか呼ぶ」のはなぜですか。その理由を文中のことばを使って答えましょう。

問五　本文には「逃げることはほんとうにひきょうか」という題がついていました。この問いについての筆者の考えを説明してみましょう。

2 次の文章を読んで、あとの問いに答えましょう。

1 日本は、他の文明諸国《しょこく》にくらべると大変に高温多湿《たしつ》であり、特に夏はこれが著《いちじる》しい。湿度が高いとカビが生えたり、物が腐敗《ふはい》しやすくなるため、日本では昔から、いかにこの湿気《しっけ》を防ぐかという知《ち》恵《え》が発達してきた。次にそのような知恵のいくつかを紹介《しょうかい》してみよう。

2 昔使われた薬は生薬《しょうやく》といって、その材料は草根木皮《そうこんもくひ》とよばれるナマ物であった。これらは大変カビやすく、カビるときききめがなくなるから、これらをいかに乾燥《かんそう》しておくかということが考えられた。①そのため「オケラをたく」ことが行われた。オケラとは雑草の根であるが、これを部屋の中でたくと、そこから出る煙《けむり》の中にふくまれる吸湿《きゅうしつ》性の油が部屋の中の湿気を吸《す》い取ってくれる。これで、生薬を乾燥した状態に保つことができたのである。

3 長い間の御物《ぎょぶつ》の保存《ほぞん》というと、われわれは奈良の正倉院《しょうそういん》の校倉《あぜくら》造《づく》りを思い出すが、木組みの校倉だけでは湿度を防ぐことは大変む

参考
文中に出てくることば
腐敗＝くさること。
御物＝皇室《こうしつ》の所蔵品。
校倉造り＝三角・四角・丸などの材木を横に組んでかべを作り、通気性を良くした、古代の建築の造り方。

ずかしい。ここで御物の保存に大きな役割《やくわり》をはたしているのは、実は御物が収《おさ》めてある唐櫃《からびつ》なのである。唐櫃は四つの足で箱面を床《ゆか》からはなした漆《うるし》ぬりの箱であるが、この木箱が防湿に大きな役割をはたしている。木箱は湿度が高いときは湿度を吸収《きゅうしゅう》し、反対に乾燥しているときは水分をはき出すので、箱内は外気にくらべると大変に湿度が一定している。

4　湿度の高い山寺で、毎日手あかのついた経本《きょうほん》を保存するためにも、唐櫃はなくてはならぬものである。四つの足で箱面を床から離《はな》しておくことも②大変な知恵で、これは現代でも応用が可能である。

5　たとえば、押《お》し入れの中に寝具《しんぐ》を入れるときに、一番下にスノコをおいて、床面からフトンをはなして置くと、比較的《ひかくてき》乾燥した状態に保つことができる。床の上にじかに置くと、思いのほか、湿気が下からはい上がってくる。

6　夏になると、坊《ぼう》さんや虚無僧《こむそう》が腕《うで》に竹であんだ目の荒《あら》いカゴのようなものをはめているが、これをつけると大変涼《すず》しい。これは衣類と皮ふの間に空気の層《そう》をつくり、体の表面からの蒸発《じょうはつ》を、容易に

参考

文中に出てくることば

唐櫃＝唐風の飾《かざ》り絵のついた、脚《あし》付きの入れ物。

経本＝お経《きょう》が書かれている本。

スノコ＝細長い板を、すき間をあけて並べたもの。

虚無僧＝有髪《うはつ》の僧《そう》。深い編笠《あみがさ》をかぶって尺八《しゃくはち》を吹《ふ》き、諸国を行脚《あんぎゃ》した。

してくれるからである。

[7] ③これと同じ原理が網《あみ》のシャツである。スポーツ用品店にゆくと木綿の目の荒い肌着《はだぎ》を売っているが、一度着用すると涼しくてやめられない。これで外衣がじかに肌にふれることが防がれているからである。④大変おもしろいことに、この網のシャツは、防寒にも大変役立つ。網のシャツによって体表に空気の層が固定され、外気に直接ふれることがさけられるからで、だから、網のシャツは空気のシャツと言ってもよいのである。大きな網目のシャツは材料からいってもわずかなものであり、したがって値段《ねだん》も安い。しかも防寒、防暑兼用《けんよう》である。もっと普及《ふきゅう》してもよいのではあるまいか。

（根本順吉《ねもとじゅんきち》『天気とつきあう』より）

問一 ――線部① 「そのため」とは何のためですか。文中のことばを使って一五字以内で答えましょう。

参考

文中に出てくることば

兼用＝一つのものを二つ以上に用いること。

根本順吉（ねもと・じゅんきち）

一九一九〜二〇〇九　気象庁予報官として長期予報を担当し、『気象百年史』編集後に退官《たいかん》。以後、気象評論家《ひょうろんか》として活躍《かつやく》した。著書《ちょしょ》に『空からの手紙―気象を見る眼』、『月からのシグナル』など。

問二　――線部②「大変な知恵」とありますが、こうした「知恵」はどうして日本で発達したのですか。四十字以内で答えましょう。

問三　――線部③「これと同じ原理」とは、どのような原理ですか。文中のことばを使って四十字以内で答えましょう。

問四　――線部④「大変おもしろい」とありますが、何のどんな点がおもしろいというのですか。三十字以内で答えましょう。

19 随《ずい》筆《ひつ》（1）

○随《ずい》筆《ひつ》とは

随筆は、ジャンルとしては文学的文章ですが、内容としては、体験や事実について述べているので、説明的文章と文学的文章の中間に位置します。

個人的な出来事（＝体験）・気になった出来事（＝事実）
＋
心に感じたこと（＝印象）
＝
随筆（エッセイ）

以上が、随筆の基本形です。みなさんが学校の授業で習う「作文」の書き方は、随筆の書き方がモデルとなっていることがわかります。

○随筆の要約

随筆を要約するときも、「体験・事実」と「印象」のふたつを分けて整理すれば、書きやすくなります。

体験・事実＝
印象＝

○随筆の話題

随筆は、体験や事実を記述する点では説明的文章と重なりますが、ただその体験や事実から心で感じたことを書くものなので、説明的文章のような、明確な「問い」や「答え」をふくんでいるとは限りません。近年は、「問題は？」「理由は？」「結論《けつろん》は？」と、性急に「答え」を出そうとする傾向《けいこう》が強いですが、随筆はむしろ、そのような性急さにブレーキをかけ、**現実を現実のままに受けとめる、心のゆとりを読者に求めるもの**なのかもしれません。

ただ、たとえ「問い」や「答え」がふくまれていなくても、話の中心というものは存在《そんざい》します。体験や事実が心にきざんだ印象が、随筆における話の中心です。この話の中心を、ここでは「話題」と呼《よ》んでおきます。**随筆の「話題」は、随筆のタイトルに示されていることが多い**ので、タイトルが記されている場合は、参考にして下さい。

例えば、次の確認《かくにん》問題の1のタイトルは『母と私と台所』です。語られる体験は、子供《こども》の頃《ころ》の筆者が目玉焼きを作るエピソードですが、「話題」は**母と私の関係**であることが、ここからわかります。2は『フィッシュ・オン』で、筆者が受けとめた、このかけ声を発した**父と子の関係**が、この随筆の「話題」であることがわかります。

確《かく》認《にん》問《もん》題《だい》

解答260ページ

1 次の文章を読んで、あとの問いに答えましょう。

1 小学校六年生の時だった。家庭科で調理実習の時間というのがあり、「目玉焼き」を習った。五〜六人のグループごとに、コンロが一つ、フライパンが一つ。ジャンケンか何かで順番を決め、一人ずつ挑戦《ちょうせん》する。残りの四〜五人から見守られる中、手際よく焼きあげるのはなかなか難《むずか》しい。モタモタしているうちにフライパンから煙《けむり》がもうもう上がったり、白身がチリチリに焦《こ》げてしまったり……。そのたびににぎやかな笑い声。〔1〕。だんだん自分の番が近づいてくると、ドキドキする。私は、小さいときから手先がほんとうに不器用で、この日は朝からゆううつだった。うまく焼けるだろうか、という以前の大問題——うまく割《わ》れるだろうか、という不安を胸《むね》に抱《いだ》きつつ、登校した。すき焼きなどで生卵《なまたまご》を割るとき、私はよくぐちゃっと黄身をつぶしてしまう。もちろん、すき焼きなら支障《ししょう》はないのだが、目玉焼きの場合はちょっとまずい。〔2〕。ぐちゃっとなったらどうしよう……それぱっかり気にしていたら、昨日は卵の夢を見てしまった。

2 不幸なことに私のグループは人数がやや多く、最後の私が①もじもじとフライパンの前に立つころには、他グループからの冷やかし組も集まってきて、すごいギャラリーになってしまった。卵を割りそこねた子はまだいないらしいことが、さらにプレッシャーをかける。〔3〕。ええいとばかり卵をフライパンのふちに打ちつけ、そのままぐしゃっと握《にぎ》りつぶすような格好《かっこう》になってしまった。わあっとわきあがる声。〔4〕。ピーピーと口笛を吹《ふ》く子もいれば、手を打ってはやす子もいる。その後どんな目玉焼きができあがったのか全く覚えていない。見届《みとど》ける前に私の目玉がうるんでしまっていた。

3 家に帰ってこの②「事件」のことを母に話していると、また涙《なみだ》が出てくる。

「落ち着いてやれば何でもないことなのに、ばかね、ほら、やってごらん」

4　わらいながらフライパンと卵を出してくる母。うわっもう見たくもないと思いながら、いっしょにコンロの前に立った。おそるおそる卵をフライパンのふちにぶつける。ぺちっとからにひびが入るだけで割れなかった。ぺちっぺちっぺちっ……うーん。もどかしくなっていきなり力をこめた瞬間《しゅんかん》、ぐしゃっ——またやってしまった。流れだす黄身を、絶望的な思いで見ている私に、明るく母が言う。「さあ、おいしいいり卵を作ろう」フライ返しを菜箸《さいばし》に持ちかえさせられて、ほら、ほら、早くかきまぜて、とせかされる。「このへんでおしょうゆを入れると、いい香りがするのよ」できたての、ほわほわの、いり卵。——おいしかった。負けおしみでなく、目玉焼きよりもずっと。なんだか元気が出てきて、もう一度やってみようかな、と思う。「フライパンを火にかけているとあせっちゃうから、まずお茶わんに割ってごらん」〔5〕。今度は、うまくいった。「もしここで失敗したら、オムレツにしちゃえばいいの」ありあわせのハムとミックスベジタブルをまぜて、その場で母が焼いてくれたオムレツ。これがまたおいしかった。ゆめのように。

5 思えばあれが、母といっしょに台所に立って何かを習った最初のことだった。今でも生卵を割るときは、家庭科室での光景がふっと頭をよぎる。〔6〕。が、一方でこのできごとは、料理に興味を持つきっかけにもなった。卵一個で母が見せてくれた魔法《まほう》。

（俵万智《たわらまち》『母と私と台所』より）

参考

俵万智（たわら・まち）

一九六二〜　早大在学中、佐佐木幸綱《ささきゆきつな》に師事。現代の若者の口語《こうご》をいかした第一歌集『サラダ記念日』（一九八八年現代歌人協会賞）は超《ちょう》ベストセラーとなった。一九八九年高校教師をやめ、以後、創作《そうさく》活動に専念《せんねん》。

問一　〔1〕〜〔6〕にあてはまる最も適当な文を、次のア〜カからそれぞれ選びましょう。

ア　こういう時、子供《こども》は残酷《ざんこく》である

イ　幼《おさな》い心にうけた傷《きず》は深い

ウ　すっかり舞《ま》い上がってしまった私

エ　うまくいけば拍手喝采《はくしゅかっさい》

オ　不思議なほど楽な気持ち

カ　ちょっとどころか致命《ちめい》的（命取り）である

問二　――線部①「もじもじと」とよく似た気持ちを表すことばを本文中から八字以内でぬき出しましょう。

問三　――線部②「事件」とは、どんなことでしたか。かんたんにまとめてみましょう。

問四　――線部③で、筆者が「習った」ことはどういうことだと想像されますか。次のア～エから適当なものを二つ選びましょう。

ア　失敗しないように気をつけることの大切さ
イ　失敗しても心を切りかえて取り組むことの大切さ
ウ　親子で力を合わせて工夫することの大切さ
エ　不器用という思い込《こ》みをすてることの大切さ

問五　――線部④で、筆者が「魔法」と感じたのは母のどんな言動でしたか。それをよく表している会話文を二つさがして、それぞれの文の初めの四字をぬき出しましょう。（句読点・符号《ふごう》も一字に数えます。）

2 次の文章を読んで、あとの問いに答えましょう。

1 荒野《こうや》の川に黄昏《たそがれ》がくる。淡《あわ》い、華麗《かれい》な黄昏がくる。いつまでも暮れようとしないその北方の黄昏の輝《かがや》くなかを、上流からボートがおりてくる。下流からさかのぼってくる。腰《こし》まで水につかってふっているものもいる。岸から竿《さお》をふっているものもいる。竿がひらめくたびに赤い閃光《せんこう》が走る。ルアーが夕陽《ゆうひ》をうけてとぶのである。

2 ふいにどこかで、

「フィッシュ・オン!」

3 声が走る。

4 その声は疑《うたが》っているようでもあり、爆発《ばくはつ》しているようでもあり、殺気《さっき》だっているようでもある。①「!」ともひびき、「?」ともひびき、同時に「?!」とも聞こえる。

5 私は川に体をひたしたままリールを巻《ま》く手をやすめる。川の真中を一隻《いっせき》のボートがおりていくのが見えた。父と子が乗っている。いま、子の竿が弓のように曲がり、ぶるぶるふるえ、さきがほとんど

参考

文中に出てくることば

フィッシュ・オン＝ここでは、魚がかかったという意味。

一隻＝船を数えるときに用いる。「艘《そう》」も同じように用いる。

水面につきそうになっている。見ていると父はボートを右にまわし、左にまわしして操《あやつ》りながら、子にたえまなく声をかけ、注意し、はげましてやるが、けっして助けてやろうとはしない。②それが最大の援助《えんじょ》である。自分でかけた魚は自分であげなければいけないのだ。着手したらさいご一人でたたかえ。やりぬけ。完成しろ。夢中になって竿にしがみついている子と、たえまなく声を発する父と、二人を乗せてボートは水と大魚にひかれて下流へ流れていった。

6　③子はおそらく生涯《しょうがい》今日を忘《わす》れないであろう。子は成長して言葉やアルコールで心身をよごし、無数の場所で無数の声を聞きつつ緩《かん》慢《まん》に腐《くさ》っていくことだろうが、④父のこの叫《さけ》び声だけは後頭部にひろがるもうろうとした薄明《はくめい》のなかでいつまでも変形せず解体しないで小さな光輝《こうき》を発していることだろう。

（開高健《かいこうたけし》『フィッシュ・オン』より）

参考

開高健（かいこう・たけし）

一九三〇～一九八九　小説家。サントリー宣伝《せんでん》部に勤務《きんむ》し、のち広告会社を経営、コピーライターとして一時代を築いた。一九五七年『裸《はだか》の王様』により芥川《あくたがわ》賞を受賞し、戦後文学の担《にな》い手の一人となった。釣《つ》りの紀行文でも知られる。

問一　筆者はどういう場所にいると思いますか。考えて書いてみましょう。

問二　——線部①について、「!」・「?」・「?!」の部分はどういうことがいいたいのですか。「?」の例にならってあとの二つの符号《ふごう》を適当なことばに直して書きましょう。

「?」(例) かかったのか?

「!」

「?!」

問三　——線部②について、(1)・(2)の問いに答えましょう。

(1)「それ」はどういうことをさしていますか。簡潔《かんけつ》に答えましょう。

(2)なぜ、「それが最大の援助である」といえるのですか。わかりやすく説明してみましょう。

問四　——線部③「子はおそらく生涯今日を忘れないであろう」とありま

すが、子にとって「今日」はどういう日だと思いますか。考えて答えましょう。

問五　――線部④「父のこの叫び声」とはどういうものでしたか。本文中から三十字以内でぬき出しましょう。（句読点も一字に数えます。）

20 随《ず》筆《いひつ》（2）

○文学的随筆《ずいひつ》と学問的随筆

随筆は、前節で読んだような、文学的な味わいのものが多いのですが、中には、学問的な関心によって書かれるものもあります。ここでは、前者を**文学的随筆**、後者を**学問的随筆**と呼《よ》んでおきます。学問的随筆の内容はかなり説明的文章に近いですが、ただしその場合でも、やはり「頭で考えたこと」というより「心で感じたこと」が「話題」となるのが、随筆の特《とく》徴《ちょう》といえます。

次の確認《かくにん》問題は、言語学者・国語学者の金田一京助《きんだいちきょうすけ》が、カラフト＝アイヌ語を調査した体験をつづったものですが、「カラフト＝アイヌ語はどんな言語か」という学問的な問い（テーマ）と、「その調査がどのようにして可能になったか」という体験が、見事に重なっています。この場合、随筆としての「話題」は、後者の体験、すなわち**「未知の言語を理解できたきっかけ」**に置かれます。

○指示語

次の確認問題で指示語問題が出てきますので、ここで、指示語について説明しておきます。「これ」「それ」「こういった」「そのような」……といった**「こそあど言葉」**を、**指示語**といいます。指示語は、原則として、直前にある語句を指示します。

(例) 私は、算数の問題にチャレンジした。
それはとても難《むずか》しかった。

この例では、「それ」は直前の「算数の問題」を指示しています。指示される語句が正しいかどうかは、「それ」に「算数の問題」を入れてみて、文意が通るかどうかで確認できます。

（例）私は、算数の問題にチャレンジした。

算数の問題はとても難しかった。↓

それ＝算数の問題

○指示語問題の注意点

1　指示される語句は直前にあるのが基本ですが、直前といっても、**指示語からどのくらい離《はな》れているかはまちまち**です。ひょっとしたら〝直前の直前〟くらいの位置にあるかもしれません。

2　例外的に、指示される語句が**直後**に位置する場合もあります。

（例）こんな夢を見た。私は空を飛んで地球を一周した。

3　この**2**の例文では、「私は空を飛んで地球を一周した。」という一文の全体が指示されています。このように、**指示される語句は短い語句とは限らない**ので、指示語の設問が出題された場合、注意が必要です。指示される部分が、複数の文や、複数の段落《だんらく》にまたがることもあります。

確《かく》認《にん》問《もん》題《だい》

解答264ページ

次の文章を読んで、あとの問いに答えましょう。

1 カラフト＝アイヌ語は北海道アイヌ語とどれほど違《ちが》うか。どんな物の言い方をカラフト＝アイヌがしているか。アイヌ特有の叙事《じょじ》詩が、もしやそこにも伝承《でんしょう》されているのではないか。今までいだいていたアイヌ語学上の疑問《ぎもん》とその解決とが、①この方言に照らして、もしや実証することができるのではあるまいか。こういう空想がいっぱいにわたしの心を占《し》めて、夢にまで見る誘惑《ゆうわく》となり、とうとうカラフトへの単身踏査《とうさ》を思い立つに至《いた》ったのである。

2 ②それは明治四十年の夏のことである。小樽《おたる》をたったのは七月十二日。二十七日の朝に、やっと本船のボートで送られて、オチョポッカのアイヌ部落へ最初の足跡《あしあと》をしるしたのである。

3 しかし、思いに思ってはるばるたずねて来たものの、わたしなど、部落の人々にとっては、どこからか迷って来た犬ころほどの興

参考

文中に出てくることば

踏査＝実際にその地に行って調べること。

も引かない存在《そんざい》だった。なまじに民政署《しょ》の船に乗って来た洋服姿《すがた》は、役所の看守人《かんしゅにん》でもあるかのような印象をさえ与《あた》えて、ともすれば、ちょっと疑《うたが》い深い目を光らせ、わたしの行く所、立つ所、だれもみな背《せ》を向けてしまい、口をつぐんでしまう。笑いさざめいていた者も笑いを収《おさ》め、寄り合っていた者も散ってしまう。その寂《さび》しさはたとえようもない。かいもくことばが通じず、片言隻語《へんげんせきご》も採集できずに、むなしく一日が暮《く》れてゆくのである。

4 役所の船から降《お》りたものだから、いる所だけは、酋長《しゅうちょう》の冬季の住みかを、がらんどうにあけて、ひとりぽつんといさせてくれたのである。また三度三度の食事は、同じように髪《かみ》をたらした、入《い》れ墨《ずみ》の娘《むすめ》が来て、黙《だま》ってわたしの米とみそとを小なべへ入れて持ち去って、一時間もすると、ア暖《あたた》かい飯と汁《しる》とを作って、黙って置いていってくれる。ただし物を言いかけたが最後、ぐんぐん逃《に》げて行ってしまう。昼のうちは、まだ絵にかいたようなアイヌの姿をまのあたりに見ているばかりでもなぐさめとなったが、夜になると、鼻をつままれるのもわからないようなやみの中に、いそ打つ波のざあっと引

参考

文中に出てくることば

片言隻語＝わずかなことば。

いていく、わびしい音のみを聞いていると、物言う相手もない寂しさがこみ上げてきた。

5 二日目も同じように暮れ、三日目もまたそれを繰《く》り返さなければならなかった。四日目のことだった。寂しさは、もはや単なる寂しさではなく、東京をたって一か月、ィついになんの得るところもなく帰らなければならぬのだろうか。その不安の憂悶《ゆうもん》が頭をかき乱《みだ》して、ぼうぜんとして屋外に立ったちょうどその時——ふと見ると、後ろに子供《こども》たちが何かわめきながら無心に遊んでいた。行くともなく、③そのほうへ引き寄せられて行ったのは、ことばのひとはしでも拾いたかったからである。じっと耳を傾《かたむ》けると、なんという発音だろう。しゃっくりしながら物を言うようなわめきようで、ひと言だって耳に留まらない。ただし子供だけに、わたしが近く立っても、別に気にもせず、夢中にさえずって遊んでいる。ふと、そのひとりの腰《こし》にさがっている小刀にさわって、北海道アイヌ語で「タンベ＝ネップ＝ネ＝ルウェ＝ヘ＝アン？（それは何なの？）」と尋《たず》ねてみた。子供らはいっせいにわたしの顔を見た。と思ったら、一度

参考

文中に出てくることば

憂悶＝悲しみもだえること。

にわっとはやし立てて、くもの子を散らすように逃げ散らかった。「通じないかな」と、ひとりつぶやきながら途方《とほう》にくれていると、また三々五々《さんさんごご》集まっては何か大声にわめきながら遊ぶのである。また寄って行った。今度は言葉を換《か》えて、ひとりの子の耳に下げた輪を指して、「マカナク＝アイェプ＝ネ＝ルウェ？（何というものか？）」と聞いてみた。またふり返って全部の子供がわたしを仰《あお》いだが、「なあに言ってやがる」といった調子に、わあ！とわめいて逃げだした。

6 子供らのうちに、絵に見る唐子《からこ》のような着物――たぶん満洲《まんしゅう》方面からの外来品――を着ているのがひとりあった。その格好がちょっとおもしろかったので、単語を採集するはずの手帳へ、しょうことなしに、その子を写生し始めた。

7 わたしが、その子を見ては鉛筆《えんぴつ》を動かし動かしするのを目ざとく見つけた子供のひとりが、まずなんとかわめいた。遊ぶのをよして、みんなわたしを注視《ちゅうし》した。まっ先に見つけた子が、まずおずおずと、しゃがんでいるわたしへ近寄って来て、ものめずらしげにわ

参考

文中に出てくることば

三々五々＝人が三人から五人くらいずつまとまっているさま。

唐子＝中国風の装《よそお》いをした子供の姿。

満洲＝現在の中国東北部。

たしのかくのをのぞいた。たちまちどやどやって来て、みんなでのぞいた。年かさのが、唐子の服装《ふくそう》をした子を指して「おまえがかかれたぞ」とでも言うような様子をした。すると、わいわいと言いだして、わたしの横からのぞく者、後ろからのぞく者、中には無遠《ぶえん》慮《りょ》に指を突《つ》き出して、もうわたしの画面をつっついて「ここが頭で、ここが足だ、手だ」などと言うように、自分の発見を得意になって、説明を引き受けているのさえある。が、ちっとも④その言うことが聞き取れない。

8 その時だった。ふと思いついて、一枚《まい》新しいところをめくって、だれにもすぐわかるように、大きく子供の顔をかいてみた。

9 目を二つ並《なら》べてかくと、年かさのがいちばん先に「シシ、シシ」と言った。ほかの子も「シシ」、ほかのも「シシ」、とうとうさしのぞいていた子の口がみな「シシ!」「シシ!」「シシ!」。騒《さわ》がしいったらない。そのさまはちょうど、「目だよ、目なんだよ」「うん、目だ」「目だ! 目だ!」とでも言うように聞こえたのである。

10 そうだ、北海道アイヌは目をば「シク(shik)」と言う。カラフトではそれを「シシ（shish）」と言うのかもしれない、ということが頭にひらめいたから、急いで絵の目から線を横へ引っぱって、手帳のすみの所へ「shish」と記入し、それから悠々《ゆうゆう》と鼻をかいていった。年かさの子が鋭《するど》い声で、「エトゥ＝プイ！　エトゥ＝プイ！」と叫《さけ》ぶ。と、残りの子らも声々に「エトゥ＝プイ！」「エトゥ＝プイ！」。わたしはおかしくなったのをこらえて、また鼻の先端《せんたん》から線を引いていってその端《はし》へ「etu-pui」と書きこんだ。そして口をかいていくと、やっぱり、年かさの子をまっ先に、「チャラ！」「チャラ！」「チャラ！」と大騒《おおさわ》ぎ。

11 たちまちのうちに、からだの名が十数個、期せずして採集できた。ウおかしいやら、愉快《ゆかい》やら。こうなったら、もうなんでもない。競争して向こうから言ってくれるのだから。

12 ただわたしは、「何？」という語がほしくなった。⑤それさえわかれば、心のままに、物をさして、その名を聞くことができるのである。そこで、ふと思いついて、もう一枚紙をめくって、今度はめちゃめちゃな線をぐるぐるぐるぐる引き回した。年かさの子が首をかしげた。そして「ヘマタ!」と叫んだ。すると、ほかの子もみな変な顔をして、口々に「ヘマタ!」「ヘマタ!」「ヘマタ!」。

13 「うん! 北海道で『何』のことを『ヘマンダ』と言う。これだ」と思ったから、まず試みようと、身の回りを見回して、足もとの小石を拾って、わたしからあべこべに「ヘマタ?」と叫んでやった。驚《おどろ》くべし、群がる子供らがわたしの手もとへくるくるした目を向けて、口々に「スマ!」「スマ!」と叫ぶではないか。北海道で「石」のことを「シュマ」と言う。してみると、「スマ」は「石」のことで、そして、「ヘマタ」はやっぱり「何」ということにちがいなさそうだったのである。

14 そこで勇気を得て、もう一つ足もとの草を手にむしり取って、「ヘマタ?」と高くささげると、子供たちは「ムン!」「ムン!」とぴょんぴょんと跳《と》びながら答える。わたしはうれしさに、子供らといっしょにぴょんぴょん跳んで笑った。

15 わたしはこうして、たちまちのうちに、七十四個の単語を採集して元気づいた。おりから、川原に集まってますを捕《とら》えている、おおぜいのおとなたちの所へ降《お》りて行って、覚えたばかりのほやほやの単語を勇敢《ゆうかん》に使ってみた。川原の石をさしては「スマ」と叫び、青草をさしては「ムン」、ますを見ては「ヘモイ」、ますの頭をさしては「ヘモイ＝サパ」、ますの目をさして「ヘモイ＝シシ」、ますの口をさして「ヘモイ＝チャラ！」。

16 こうした間に、わたしと全舞台《ぶたい》との間をさえぎっていた幕《まく》が一ぺんに、切って落とされたのである。エさしも越《こ》えにくかった禁園のかきねが、はたとわたしの前に開けたのである。ことばこそ、堅《かた》く閉《と》ざした心の城府《じょうふ》へ通う唯一《ゆいいつ》の小道であった。ここに至って、わたしは何ものをもためらわず、すべてを捨《す》ててまっしぐらにこの小道を進んだ。⑥それはほとんど狂熱《きょうねつ》的だった。

（金田一京助《きんだいちきょうすけ》『片言《かたこと》を言うまで』より）

問一 ——線部①〜⑥の指している内容を、文中のことばを用いて答えましょう。

参考

金田一京助（きんだいち・きょうすけ）

一八八二〜一九七一 言語学者・国語学者。東大教授、国学院大教授などを歴任。アイヌ語研究の基礎《きそ》を築いた。著書《ちょしょ》に『アイヌ叙事詩《じょじし》ユーカラの研究』、『国語音韻論《おんいんろん》』など。国語辞典の編纂《へんさん》や石川啄《たく》木《ぼく》との交遊でも知られる。

問二　次の文章はどの段落《だんらく》の前に入りますか。段落番号で答えましょう。

これまでむずかしい顔ばかりしていたひげづらが、もじゃもじゃのひげの間から白い歯を現した。これまで、そむけそむけしていた婦女子の顔にも、まっさおな入れ墨《いずみ》の中から白い歯が見えた。明らかにみな笑ったのである。中には向こうから、網《あみ》を持っている手を振《ふ》って見せて「ヤー（網）」と言ったり、砂地《すなじ》をさして「オタ（砂）」と言ったりした者もある。急いで手帳に書きつけながら、その発音をまねすると、ふしぎそうに手帳を見に寄って来るものもあった。婦女子の群れでは、「いつ覚えたろう」とか、「よく覚えたもんだ」とかいうような感嘆《かんたん》の声を上げた者もあった。

問三　――線部アとありますが、なぜこのようにしてくれるのですか。十五字以内で答えましょう。

問四　――線部イとありますが、本当はどのようなことを得ようとしていたのですか。それを表す部分の初めと終わりの三字ずつ（句読点はふくまない）を書きましょう。

問五　――線部ウとありますが、このことばにこめられた筆者の気持ちを書きましょう。

問六　――線部エとありますが、これと同じ意味を表す文章中の他のことばを十九字でぬき出しましょう。

問七　次のア～カの筆者の気持ちを、文章から読み取れる順に記号で並びかえましょう。（問二で入れた文章もふくめます。）

ア　夢中　　イ　あせり　　ウ　寂しさ
エ　喜び　　オ　途方にくれる　　カ　期待

問八　この筆者が目的を達成することができたのは、二つのひらめきを得たからです。二つのひらめきとは、具体的にはどのようなことを指しますか。それぞれ文章中のことばを用いて答えましょう。

問九　この文章で筆者がのべている「ことばの役割」とはどのようなことですか。自分のことばを使って二十五字以内で答えましょう。（句読点をふくめます。）

21 物語（1）

○物語とは？

空想の世界の中で、架空《かくう》の人物たちが、特別な出来事を経験するお話――それが、物語です（事実をふまえて書かれる物語も、事実そのままではなく、作者の想像や脚色《きゃくしょく》を交えて作られます）。

○物語読解のポイント

物語を読み、設問を解く際は、以下をチェックしましょう。

1　人物・時間・場所　主な**登場人物**とその**設定**をおさえた上で、それが**いつ・どこで**起きている物語なのかを確認《かくにん》します。登場人物の関係は、図示するとわかりやすくなります（血縁《けつえん》関係が描《えが》かれている場合は家系《かけい》

参考

物語と小説

ここでいう「物語」は、文学ジャンルの一つである「小説」とほとんど重なりますが、「小説」は、近代（明治時代以降《いこう》）に入ってから成立した、作家という個人の創作物《そうさくぶつ》であり、民話や童話まで「小説」と呼《よ》べるかどうかは難《むずか》しいところです。小学生の読みものには民話や童話も多数ふくまれます

図《ず》をかきましょう）。そして、物語の歴史的背景《はいけい》や地理的背景、社会的背景や文化的背景を知ることが、物語への理解を深めてくれます。

ので、ここでは「物語」としておきます。

2 物語の構成

小学生が教科書や試験で出会う物語は、大きく分けると、

A 発端《ほったん》―展開《てんかい》―結末

B 発端―展開―山場《やまば》―結末（起承転結《きしょうてんけつ》）

のいずれかの場面構成で、進行します。要約も、例えばAなら、

発端＝	展開＝	結末＝

と三部にわけて作成すればよいでしょう。

Bの**山場**は、**物語がいちばん盛《も》り上がるポイント**ですが、登場人物が対決に至《いた》ったり和解に至ったりして、**人間関係が大きく変化するポイント**でもあります。**物語のどこが山場か**をおさえましょう。

3 人物の心情

設問では多くの場合、人物の心情（気持ち）が問われます。それを読み取る手がかりは、以下の通りです。

①**心情描写《びょうしゃ》**　「……は〜と思った」「〜と感じた」「〜と考えた」など、明記されているところ。心の中のつぶやきとして、（　）でくくられることもあります。

②**せりふ**　「　」でくくられている、人物の発言。

③**表情・しぐさ・態度・行動**　口には出していなくても、表情やしぐさや態度や行動に、心情があらわれているところ。日本文学は、このような繊細《せんさい》な表現を得意とします。

④**情景描写**　人物の背景（心に響《ひび》く風景＝「情景」と呼《よ》ぶ）の描写が、その人物の心情を**間接的**に表現しているところ。雨が悲しみを表現している、というような場面ですね。これも、日本文学が得意とするところです。

では、一人称《いちにんしょう》の物語を読んでみましょう。

参考

せりふの表記
物語の中のせりふは、わざと「」を外して表記されることもあるので、注意が必要です。「」を外し、せりふを地《じ》の文（せりふや引用を除《のぞ》いた文）の中にとけこませると、回想的なムードが高められたり、現実と妄想《もうそう》がごちゃまぜになったりする、独特の効果が生まれます。

一人称の物語
次の節でくわしく解説します。

確《かく》認《にん》問《もん》題《だい》

解答 268ページ

次の文章を読んで、あとの問いに答えましょう。

1 五年生になって二学期の最初の日、教師が一人の転入生を教室に連れてきた。首に白い包帯をまき眼鏡《めがね》をかけた小さな子だった。教だんの横でかれは女の子のように目をふせて床《ゆか》の一点を見つめていた。「みんな」黄ばんだスポーツ・パンツをはいたそのわかい教師は、こしに手をあてて大声でさけんだ。

「東京から転校してきた友だちや。仲良うせな、あかんぜ」

2 それからかれは黒板に白ぼくで若林《わかばやし》稔《みのる》という名を書いた。

「アキラよ、この子の名、読めるか」

3 教室はすこし、ざわめいた。中にはぼくの方をそっとふりかえる者もいる。その若林という子がぼくと同じようにかみの毛を長くのばしていたからである。ぼくといえば、多少、①敵意《てきい》とも嫉妬《しっと》ともつかぬ感情で、その首に包帯をまいた子供をながめていた。鼻にずり落ちた眼鏡を指であげながら、かれはこちらをチラッとぬすみ見ては目をふせた。

4 「みんな、夏休みの作文、書いてきたやろ」教師は言った。「若林クンはあの席にすわって聞きなさい。まず、戸田クン、読んでみろや」

5 転入生のことを教師が若林クンと呼《よ》んだことが、ぼくのA自尊心《じそんしん》をきずつけた。この組で君をつけて呼ばれるのは今日までぼくが一人だけのaトッケンだったからである。

6 命ぜられるままに、たち上がって作文を読みはじめた。自分の書いたものを模範《もはん》作文としてみなに朗読《ろうどく》することは大いに虚栄心《きょえいしん》をみたしてくれたのだが、この日は読みながら、心は落ちつかなかった。ななめ横のいすにこしをおろした転入生の眼鏡が気になったのである。かれは東京の小学校から来ている。かみの毛をのばし、B白いエリのでたシャレた洋服を着ている。(負けんぞ)とぼくは心の中でつぶやいた。

7 作文の時、ぼくはいつも一、二ヵ所の②サワリを作っておく。サワ

参考

文中に出てくることば

虚栄心＝みえをはろうとする心。

りとは師範《しはん》出の若い教師が喜びそうな場面である。別に意識して書いたのではないが、鈴木三重吉《すずきみえきち》の「赤い鳥」文集を生徒に読み聞かせるこの青年教師からほめられるために、ジュンシンさ、少年らしい感情を感じさせる場面をおりこんでおいたのだ。

8 「夏休みのある日、木村君が病気だと聞いたので、さっそく見まいに行こうと考えた」とその日もぼくはみなの前で朗読した。

9 ③これは本当だった。けれどもそれに続くあとの部分で、例によってぼくはありもしない場面を作りあげていた。病気の木村君のため、クシンして採集したちょうの標本箱を持っていこうとする。ネギ畑の中を歩きながら、とつぜん、それをやることがおしくなる。いく度も家にもどろうとするが、やっぱり木村君の家まで来てしまう。そしてかれのよろこんだ顔を見てホッとする……。

10 「よおし」ぼくが読み終わった時、教師はいかにも満足したように組中の子供《こども》をみまわした。「戸田クンの作文のどこがええか、わかるか。わかった者は手をあげよ」

11 二、三人の子供が自信なげに手をあげた。ぼくにはかれらの答え

参考

文中に出てくることば

師範＝先生になるための学校である、師範学校のこと。

鈴木三重吉＝童話作家。雑誌「赤い鳥」を創刊した。

も、教師の言いたいこともほぼ見当がついていた。木村マサルという子に標本箱をもっていってやったのは本当である。だが、それはかれの病気に同情したためではない。キリギリスの鳴きたてる畑を歩いたことも事実である。だが、これをくれてやることがおしいとは思いもしなかった。なぜならぼくは三つほど、そんな標本箱を父から買いあたえられていたからだ。木村がよろこんだことは言うまでもない。だが、あの時、ぼくが感じたのはかれのひゃくしょう家のきたなさと優越《ゆうえつ》感だけであった。

12　「アキラ。答えてみろや」

「戸田クンがマサルに標本箱……大切な標本箱、やりはったのがえらいと思います」

「それは、まあ、そやけれど、この作文のええ所は」教師は白《はく》ぼくをとると黒板に――〔　　〕的――という三文字を書きつけた。

「ネギ畑を歩きながら標本箱をやるのがおしゅうなった気持ちをありのままに書いているやろ。みなの作文には時々、ウソがある。しかし戸田クンは本当の気持ちを正直に書いている。〔　　〕的だナ」

13　ぼくは黒板に教師が大書した［　　］的という三文字をながめた。どこかの教室でかすれたオルガンの音がきこえる。女の子たちが唱歌を歌っている。別にウソをついたとも仲間をダマしたとも思わなかった。今日まで学校でも家庭でもそうだったのだし、そうすることによってぼくは優等生でありよい子だったのである。

14　ななめ横をそっとふりむくと、あのかみの毛をのばした転入生が鼻に眼鏡を少しずり落として黒板をじっと見つめていた。ぼくの視《し》線《せん》に気づいたのか、かれは首にまいた白い包帯をねじるようにしてこちらに顔を向けた。二人はそのまましばらくの間、たがいの顔をさぐるようにうかがいあっていた。と、かれのほおがかすかに赤らみ、うすい笑いがくちびるにうかんだ。（みんなはだまされてもネ、ぼくは知っているよ）その微笑《びしょう》はまるでそう言っているようだった。（ネギ畑を歩いたことも、標本箱がおしくなったこともみな、ウソだろ。うまくやってきたね。だが大人をだませても東京の子供はだまされないよ）

15　ぼくは視線をそらし、耳まで赤い血がのぼるのを感じた。④オルガンの音がやみ、女の子たちの声も聞こえなくなった。黒板の字がふるえ動いているような気がした。

16 それからぼくの自信は少しずつくずれはじめた。教室でも校庭でもこの若林という子がそばにいる限り、何かうしろめたい屈辱感《くつじょく》に似たものを感じるのである。もちろん、そのために成績が落ちるということはなかったが、教師からみなの前でホメられた時、図画や書き方がかべにはられた時、組の自治会で仲間から委員にまつりあげられた時、ぼくはかれの目をひそかにぬすみ見てしまう。

17 この子の目と書いたが、今、考えてみるとそれは決してぼくをとがめるサイバンカンの目でもなく罪をセめる良心の目でもなかった。同じ秘密《ひみつ》、同じ悪の種を持った二人の少年がたがいに相手の中に自分の姿《すがた》をさぐりあっただけにすぎぬ。ぼくがあの時、感じたのは心の呵責《かしゃく》でもなく、自分の秘密をにぎられたという屈辱感だったのだ。

（遠藤周作《えんどうしゅうさく》『海と毒薬《どくやく》』より）

参考

文中に出てくることば

呵責＝責めて苦しめること。

遠藤周作（えんどう・しゅうさく）

一九二三〜一九九六　小説家。幼少期、カトリック教徒の伯母《おば》の勧めで受洗《じゅせん》。カトリック作家として独自の文学を築く。『白い人』により芥川賞《あくたがわしょう》受賞。『海と毒薬』、『沈黙《ちんもく》』、『イエスの生涯《しょうがい》』など、日本の精神風土とキリスト教の相克《そうこく》をテーマにした作品を数多く発表した。

問一　本文中の――線部a～eのカタカナを漢字に直しましょう。

問二　次の文は本文中のどこに入れたらよいでしょうか。最も適当な所をさがし、そのすぐ前の文の終わりの五字を書き出しましょう。（句読点はふくめません。）

いつもなら、この時間はぼくにとって楽しいものなのだ。

問三　本文中の――線部A～Cについて、それぞれ次の問いに答えましょう。

（A）「自尊心」の意味として最も適当なものを、次のア～エの中から一つ選びましょう。

ア　自分で自分をほこりに思う気持ち
イ　自分の利益だけを考える気持ち
ウ　自分で自分をはげます気持ち
エ　自分で自分が悪くならないようにする気持ち

（B）「白いエリのでたシャレた洋服」の「の」と同じ働きをしているものを、次のア〜エの中から一つ選びましょう。

ア 小川の水が流れる

イ 母の作った手料理

ウ 考えついたのがこの答だ

エ この本はぼくのだ

（C）「うしろめたい」の意味として最も適当なものを、次のア〜エの中から一つ選びましょう。

ア よくないことをして気がとがめること

イ 物事のすんだあとに残る感じのこと

ウ 悪いことをかくしていること

エ 前の行いや態度を認《みと》めないこと

問四 **――線部①「敵意とも嫉妬ともつかぬ感情」とありますが、この感情を持つ原因となった具体的なことがらを示している部分の最初と最後の五字を書き出しましょう。（句読点はふくめません。）**

問五　――線部②「サワリを作っておく」とありますが、文中で具体的に「サワリ」を示す内容となっている部分の最初の五字を書きぬきましょう。

問六　――線部③「これは本当だった」について次の問いに答えましょう。

(1)「これ」とはどんなことを指しますか。二十五字以内で説明してみましょう。

(2)本文の内容から見て、「本当だった」ことは次のうちどれか、あてはまるものを、次のア～オの中からすべて選びましょう。

ア　木村君に標本箱をやるのがおしくなってしまったが、家まではもどらなかったこと

イ　ぼくがあげた標本箱を木村君がよろこんだので、よかったと安心したこと

ウ　標本箱ひとつでよろこぶ木村君に対して、そんなものをいくつもも

てる自分の立場に満足したこと

エ　ぼくが標本箱を木村君にあげたのは、かれの病気に同情したのではなく、彼の家の貧しさに同情したからだということ

オ　標本箱を木村君にあげたのは、自分をよい子に見せるためだったということ

問七　文中の［　　］にはすべて同じことばが入ります。最もふさわしいものを、次のア～エの中から一つ選びましょう。

ア　意識　イ　感情　ウ　良心　エ　同情

問八　――線部④「オルガンの音がやみ、女の子たちの声も聞こえなくなった」という部分からわかる「ぼく」の気持ちとして最も適当なものを、次のア～エの中から一つ選びましょう。

ア　あせり　イ　不安　ウ　動揺《どうよう》　エ　いかり

問九　――線部⑤「ぼくはかれの目をひそかにぬすみ見てしまう」とあり

ますが、それほど意識するのはなぜですか。「……と思ったから。」という形になるように、文中のことばを使って二十字以内で書きましょう。

二十字以内

と思ったから。

問十　「ぼく」にとって「若林クン」というのはどんな存在《そんざい》だったのですか。ふさわしくないものを、次のア～オの中から一つ選びましょう。

ア　ぼくに自分の行動に対するうしろめたさを感じさせた存在
イ　ぼくの自信をゆるがした存在
ウ　ぼくのライバル意識をかき立てた存在
エ　ぼくに正直に生きることを教えた存在
オ　ぼくの秘密を見ぬいていた存在

22 物語（2）

○物語の基本パターン

物語の場面構成は、A「発端《ほったん》―展開《てんかい》―結末」、B「発端―展開―山場《やまば》―結末」といった形をとるということを、前節で確認《かくにん》しました。ではこのような構成で書かれる物語とは、どのような内容になるのか、Bの場合で説明します。

そもそも物語とは、登場人物たちにとって、ただありふれた日常が反復されるのではなく、ある日何かのきっかけで、そのありふれた日常とは異《こと》なる出来事が起きるところから始まります。これが**「発端」**です。つまり物語は、「日常的」ではなく**「非日常的」な出来事**（「事件」といっても良いでしょう）を描《えが》くのです。例えば、「クラスに転校生が来た」とか、「親友が口をきいてくれなくなった」とか、「野良猫《ねこ》を家に連れ帰ってしまった」とか……。そしてそこからの**「展開」**は、簡単《かんたん》にいってしまえば、人と人とのぶつかりあいです（恋愛《れんあい》物語ですら、恋愛がうまくいっている過程ではなく、なかなかうまくいかない過程を描きます。だから読者はドキドキします）。ぶつかりあいは頂点《ちょうてん》に達し、日常の中ではお互《たが》いとりつくろって気がつかなかったような、人物それぞれの本質があらわとなります。これが**「山場」**です。そして、人物たちは再び、ありふれた日常へ戻《もど》り、**「結末」**を迎《むか》えます。

そして、このような基本パターンに従《したが》いながらも、小学生が読む物語の多くは、主要な登場人物によって、**①子どもどうしの関係を描いた物語、②子どもと家族の関係を描いた物語、③子どもと大人の関係を描いた物語、④大人どうしの関係を描いた物語、**に分かれます。

○語りによる物語の分類

①一人称《いちにんしょう》　「わたし」や「ぼく」といった、**登場人物のひとりが語り手をかねる**形式を、一人称と呼《よ》びます。物語は**語り手の視点や心情**を中心に進んでいきます。語り手以外の人物の心情を直接描写《びょうしゃ》することができ

ませんので、語り手が他の人物の心情を想像したり、語り手の目にうつった他の人物の姿《すがた》が描写《びょうしゃ》されることになります。

前節の確認問題でいえば、若林《わかばやし》が戸田のことを本当はどう思っていたかはわかりませんが、少なくとも戸田の目には、都会から来た若林が自分の本性《ほんしょう》を見抜《みぬ》いている、と見えたのですね。この戸田のあせりやいらだちは、ひょっとしたらひとりずもうにすぎないのかもしれません。しかし、そんなふうに若林を前に空回りしているところに、戸田の人となりが感じられます。このように、**語り手の視点《してん》や内面を深く掘《ほ》り下げていく**点に、一人称の特徴《とくちょう》があります。

②**三人称**　すべての登場人物から独立した**語り部＝作者**が、人物の言動や出来事の推移《すいい》を描写し、すべての登場人物の心の中に自由に入っていける形式が、三人称です。**人物の心情、人間関係とその変化を、客観的に描ける**のが三人称の利点です。

次の確認問題は、[1]が大人どうしの関係、[2]が子どもと大人の関係を描いています。

確《かく》認《にん》問《もん》題《だい》

解答271ページ

1 次の文章を読んで、あとの問いに答えましょう。

1 吹雪《ふぶき》がやめば、何かしらの獲物《えもの》が得られる。が、この荒《あ》れでは野うさぎ一羽出て来ない。

2 「いくら考えても無えもなア仕方ないべ。おらの一升《しょう》五合ば粥《かゆ》にでも作って食いのばすしかねえ」
源次《げんじ》は負《お》い袋《ぶくろ》から米をとり出して言った。蛸干《たこぼ》しと数の子はシロのために絶対確保するつもりだった。

3 翌日《よくじつ》も、その翌日も吹雪はやまなかった。少しでも弱くなったら——と心頼《こころだの》みもなんにもならなかった。

4 夜中①衰《おとろ》えて、しめたと思うと、朝になると以前にも増した激《はげ》しさで吹《ふ》き荒れた。

5 よくもこんなに続くものだというくらい吹雪《ふぶ》いた。

6 食糧《しょくりょう》は四日目にはもう何もなくなっていた。源次は生つばが出

参考

文中に出てくることば
負い袋＝背負《せお》い袋《ぶくろ》。
蛸干し＝たこの干し物。

るのをぐっとこらえて蛸干しをしゃぶっただけでシロに与《あた》えた。かわいそうにシロはそれを一口でのみ下した。

7 しかし、もうそのわずかの食糧もない。留吉《とめきち》が、

「これだて熊だで……」

と腰《こし》当ての皮を山刃《やまば》で切り裂《さ》いて、口に入れたが、もちろん食えるものではなかった。

8 繁太《しげた》は飛び出していって木の枝を持ってきた。この皮も②同様だった。

9 さらに三日、もう物を言うのもけだるかった。胃《い》がきしんで痛《いた》んだ。たとえ明日晴れわたったとしても、あの雪山を越《こ》えて村に戻《もど》る体力が残っているか、どうかすら疑《うたが》われた。

10 彼らがこの小屋にこもってから九日目が過ぎようとしていた。燃料すらもう残り少なかったが、そのまきを採るのも③おっくうだった。飢《う》えと寒さが皆《みな》の生命の灯《ひ》もゆらがせていた。

11 源次は柱にもたれ、両［　A　］を抱《だ》いて、いろりの火をみつめていた。

参考

文中に出てくることば

きしむ＝物がすれ合ってギシギシ音がする。

ゆらがす＝ゆり動かす。

12 火はチョロチョロと燃えては消え、そしてまた紫《むらさき》のほのおをはわせた。

13 塑像《そぞう》のようにじっと、源次はいつまでもじっと火の傍《かたわら》に眠《ねむ》っているシロをみつめていた。

14 苦もんが彼の面上に浮《う》かんだ。それは④人でも殺しかねない恐《おそ》ろしい顔に見えた。

15 しかし、やがて、その苦もんのかげは悲痛《ひつう》なあきらめに置き換《か》えられていった。

16 彼は黙《だま》って立ち上がると、村田銃《むらたじゅう》をとって戸外《こがい》に出た。外はまだ吹雪いている。

17 だれも何とも言わなかった。だれもが、だれものことを気にする余裕《よゆう》はもう失われていた。皆《み》んな自分のことで一杯《いっぱい》だった。

18 食べ物のことのみをのろのろと考え続けていた。

19 源次は戸口に立つと室内のみんなをぐるりと見た。シロがのっそりと立つと源次の後に従《したが》った。

20 〔 B 〕ただ野性味の多い犬は人間ほどまいっていなかっただ

参考

文中に出てくることば

塑像＝ねん土や石こうでつくった像。

苦もん＝苦しみもだえること。

村田銃＝明治時代の村田という人がつくった単発の小銃《しょうじゅう》。

戸外＝建物の外。

けである。

21 扉《とびら》が閉《し》められ、人々はまた自分らのことに思いをはせたり、あるいはただぼんやりと空間を作っていた。

22 与八《よはち》が、ものうげに、小枝を取って火をかき立てようとした。

23 その時、激しい銃声《じゅうせい》が、たった一発、小屋の裏手《うらて》で響《ひび》いた。

24 ハッとして、四人は顔を見合わせた。

25 物音はもうなかった。獲物なら……獲物なら続く物音がなければならなかった。

26 やがて重く扉が開けられて、頭から雪をかぶった源次が、それこそ〔 C 〕ように真っ青な顔をして入ってきた。シロは続かなかった。四人は一言も発せず、源次の姿《すがた》に視線《しせん》を追った。源次は銃を壁《かべ》に懸《か》けると、以前のように柱にもたれ両〔 A 〕の間に頭をうずめてしまった。

27 再び四人は顔を見合わせた。時が凍《こお》った。そして四人はすべてを知った。与八は〔 D 〕ような声でいった。

「源さん、⑤済《す》まねえス」

（戸川幸夫《とがわゆきお》『熊犬物語《くまいぬものがたり》』より）

参考

文中に出てくることば
ものうげ＝けだるい様子。

戸川幸夫（とがわ・ゆきお）
一九一二〜二〇〇四　作家。東京日日《にちにち》新聞社へ入社しジャーナリストを務めるかたわらで小説を書き始め、『高安犬物語《こうやすいぬものがたり》』で直木賞《なおきしょう》を受賞。『子どものための動物物語』全十五巻《かん》でサンケイ児童出版文化賞を受賞。動物の生態を正しい知識に基づいて描き、児童文学の世界に、動物小説という新しい分野を確立した。

問一　1段落の＝＝部の「羽」は序数詞といって、数量や順序を表すことばですが、次の1～4のものには、それぞれどんな序数詞が使われますか。あとのア～オの中から選びましょう。

1．魚　2．短歌　3．包丁　4．写真機

ア　首　イ　句　ウ　丁　エ　尾　オ　台

問二　――線部①の「衰えて」とは、何が衰えたのでしょうか。文中のことばで答えましょう。

問三　――線部②の「同様だった」とは、どのようだったというのでしょうか。文中のことばで答えましょう。

問四　――線部③の「おっくう」の意味として適当なものを、次のア～エの中から選びましょう。

ア　楽しいこと　イ　めんどうなこと　ウ　たいくつなこと

エ　重要なこと

問五 ［　Ａ　］には、体の一部を表すことばが入ります。次のア～エの中から適当なものを選びましょう。

ア うで　イ 足　ウ ひざ　エ ひじ

問六 ――線部④の「人でも殺しかねない」とは、どういう意味でしょうか。次のア～エの中から適当なものを選びましょう。

ア 人間でも殺さない

イ 人間でも殺してしまいそうな

ウ 人を殺しそうもない

エ 人を殺したような

問七 ［　Ｂ　］に入る文として最も適当なものを、次のア～エの中から選びましょう。

ア シロは人間よりずっと疲《つか》れ、飢えていた。

イ シロは疲れも飢えも知らなかった。

ウ シロも疲れ、飢えていた。

エ　シロは疲れたり、飢えたりするはずはなかった。

問八［　C　］・［　D　］には、それぞれ例えのことばが入ります。次のア〜カの中から適当なものを選びましょう。

ア　つばをのむ　　イ　血をはく　　ウ　ゆうれいの

エ　仏像の　　オ　息をはずませる　　カ　けだものの

問九　――線部⑤の「済まねえス」とは、源次のやったことに対してのことばです。源次は何のために、どんなことをしたのでしょうか。自分のことばを使って答えましょう。

2 次の文は、明治時代末ごろの東京を舞台《ぶたい》とした小説の一節です。これを読んで、あとの問いに答えましょう。

1 それから数日して、順造は学校を早退《はやび》けした。

2 母に言われたとおり、父親が病気で当分手が足りないからと、受け持ちの先生に許しを得たのだが、先生に言ったことの半分は本当だとして、半分は本当ではなかった。

3 まっすぐ家へ戻《もど》るのは、それだけでも気が重かった。

4 桶屋《おけや》が道ばたに仕事場を作り、青竹を割《わ》ってアいるのを見つけると、そこへしゃがみ込《こ》んだ。

5 まわってきた昼近い日が、道のそちら側に日向《ひなた》を作り、桶屋の使う刃物《はもの》を通った青竹が、砂利《じゃり》や土をはね飛ばして、どんどん向こうへ伸《の》びていった。

6 輪にしてかついできた竹を、さらに細く何本かに割《さ》いて、やがて桶のたがに仕上げる。

7 漬《つ》け物の季節で、忙《いそが》しいらしい。

参考

文中に出てくることば

たが＝桶の周りに巻かれている竹の輪。

8 カバンを前に抱《だ》き、順造はそれを見ていた。

「お前、何年生だ」

9 桶屋が、口をきいた。

「五年」

「へえ、来年卒業か」

10 その間も、桶屋は手を休めない。

「それにしちゃ、ちっちゃいな。ええ、おい。それに、もう帰ってきたのか。五年なら、弁当もって行くんだろ？」

11 順造は、返事をしなかったが、

「来年卒業したら、奉公《ほうこう》だな。どこへ行くんだ」

12 と言われると、①ぷいと立って歩き出した。

13 桶屋を呆気《あっけ》にとらせるような、そぶりであった。

14 横町も路地も、静かだった。

15 病院の裏門の大溝《おおどぶ》では、ブリキ缶《かん》を脇《わき》に置いたねずみ取りの人が、病院の調理場から大溝へそそぐ土管の中へ手かぎをいれ、バネじかけになったねずみ取り器を引き出すところだった。

参考

文中に出てくることば

奉公＝子どもの頃《ころ》から働きに出ること。一般的には住み込《こ》みで働くことが多いが、通いで働く場合もある。

16 順造はかけよって、のぞきこんだ。

17 大きなドブネズミが、バネに首を絞《し》められて、歯を食いしばって死んで（イ）いるのを、ねずみ取りの人は手かぎで手際よく始末してブリキ缶に納《おさ》め、油揚《あぶらあ》げをきざんだ餌《えさ》を新しく付け替《か》えて、ねずみ取り器をもとの土管の奥《おく》へ返す。その人は、細い股引《ももひき》にはだし足袋《たび》で、かなり大きな缶を肩《かた》に、足が速い。②もう少しゆっくりすればいいのにと思っているあいだに、仕事を済《す》ませては先へすたすた進む。

18 さすがに順造も、自分の家へ曲がる横丁より先へはついていけない。

19 順造は午後から、神保町《じんぼうちょう》の印刷所へ母親と一緒《いっしょ》に出かけなければならない。寝込《ねこ》んでしまった父親の枕元《まくらもと》で、昨夜母親は順造を（a）さとした。父親の知り合いがやって（ウ）いる小さな印刷所の使い走りをして、いくらかでも家計を助けて欲《ほ》しいと言うのである。

20 年賀状やチラシの印刷で、これから歳末《さいまつ》まで小規模《しょうきぼ》なら小規模なりに人手の（エ）いる矢先である。子供で足りる用事も、たくさんあった。

参考

文中に出てくることば

神保町＝東京都千代田区にある。本の街として有名。

21 学校で履《は》く上ぞうりが、役に立たなくなったり、算術帳や書き取り帳がいっぱいになってしまうと、③順造はなかなか母に言い出せない。

22 自分が冬休みじゅう働けば、そういうことも楽に言えそうだし、幼《おさな》い弟たちの世話からも当分離《はな》れられる。

23 そう思って、「あたしを助けておくれでないか」と、いつになくしみじみ言う母に同意したのだが、二三日休ませて下さいと母親の言葉のまま先生に言ったのはうそで、父親の体具合によっては、いつまた通学できるのか、分からない不安もあった。

24 母と順造との、やりとりを聞いていた父親が、床《とこ》の中でb現にこう言った。

25 印刷所の校正係を職としている父は、若《わか》い頃《ころ》多少漢籍《かんせき》にも目を通す生活をしたし、かねがねc筆跡《ひっせき》を自慢《じまん》する程度の素養《そよう》は身につけていたが、

「ついこの間までは、尋常《じんじょう》は四年で卒業だった。考えようでは、お前は一年よけいに学校にいたことになるし、本当に勉強する気な

参考

文中に出てくることば

校正係＝印刷物の誤りを正す仕事をする人。

漢籍＝中国の書物。漢文で書かれた書物。

尋常＝尋常小学校のこと。当時、小学校は、尋常小学校とその上の高等小学校に分かれていた。

ら、学校へ行かなくても、働きながら一人で出来る。おれも早く良くなって働くつもりだが、当分うちを助けてくれ」と、順造を大人並《な》みにした言葉づかいであった。

26 このまま、もう学校をやめなければならないのかもしれないという不安が、順造を心細くするのも当然であった。

27 その日の午後、昼飯をすませるとすぐ、順造は母に伴《ともな》われて神保町の印刷所へ出かけた。

28 せまい場所に、印刷機が一台二台と増え、活字のケースの数が増すにしたがって、追っかけトタン屋根をのばして急場をしのいでいるといった、入り口のガラス戸なども、あけたてごとにガタピシと音を立てる工場であった。

29 主人夫婦に挨拶《あいさつ》した後、主人は順造を仕事場へ連れていって、職工たちに簡単《かんたん》に引き合わせた。

30 活字のケースとケースのあいだが狭《せま》い通路で、昼間だと言うのにガス灯と電灯がつき、そこでせっせと活字を拾っている、ひどい近眼のおじさんもいた。

31 パッタンパッタン、いちいち音を立てて、刷り上がった紙をさばく機械が一台、そうかと思うと、一枚《まい》一枚ハガキを刷る手押《てお》しの機械が数台並《なら》んでいた。

「おい、新米の使い屋。名前はなんて言うんだ」

32 そんな声がかかってきたが、順造ははじめ、自分が呼《よ》ばれているのだとは思わなかった。

33 帰りは、すっかり暗くなっていた。

34 急に、寝ている父や、母親に叱《しか》られている弟の様子が浮《う》かんできたが、働いてきたのだという快感が、順造の気持ちを支えた。ただ、家が近くなるに連れて、由太郎《よしたろう》に顔を合わせたくないと、しきりに思った。

35 順造が、「こんばんは」と声をかけたのは、銭湯《せんとう》へ行く飯沼《いいぬま》さんだった。

36 近所に下宿している飯沼さんも、「こんばんは」と言葉を返した。飯沼さんの勤《つと》めている印刷所はどんな工場だろうと思った。

「そんなにあわてないでも、あすこまで、十五分もあれば、ゆっく

参考

文中に出てくることば

使い屋＝使いっぱしり。

由太郎＝順造の親友。

り間にあうじゃあないか」
37　毎朝、母親にそう言われるほど、順造は早く家を出た。由太郎や同級生に、道で会うことがつらくて、ときには回り道をすることもあった。
（永井龍男《ながいたつお》『石版東京図絵《せきばんとうきょうずえ》』より）

問一　――線部a「さとした」、b「現に」、c「筆跡」の本文中における意味として最も適当なものを、次のア～エの中からそれぞれひとつずつ選びましょう。

a「さとした」
ア　教えた　**イ**　しかった　**ウ**　たのんだ　**エ**　言い聞かせた

b「現に」
ア　今　**イ**　急に　**ウ**　実際に　**エ**　いつも

c「筆跡」
ア　字を上手に書けること

参考
永井龍男（ながい・たつお）
一九〇四～一九九〇　小説家。菊池寛《きくちかん》に認《みと》められ、編集業務のかたわら短編小説を発表。第二次大戦後は文筆に専念《せんねん》し、長編『風ふたたび』『石版東京図絵』、短編『朝霧《あさぎり》』『青《あお》梅雨《つゆ》』など、多くの作品を残した。

イ　文章をうまく読めること
ウ　文章をうまく書けること
エ　字をたくさん知っていること

問二　＝＝線部ア～エの「いる」のうち、ひとつだけ意味のことなるものがあります。その記号を書きましょう。

問三　――線部①「ぷいと立って歩き出した」とありますが、それはなぜですか。その説明として最も適当なものを、次のア～エの中から選びましょう。

ア　先生にうそを言って早退けしたことで気が重いのに、「もう帰ってきたのか」などと、一番いたいところを強くとがめられたから。
イ　本当は行きたくなかった印刷所に奉公することが決まって気が重いのに、「どこへ行くんだ」と、行き先をいきなり問われたから。
ウ　「来年卒業したら」どころか、今日にも自分は奉公に出なければならないことで気が重いのに、いちばん気にしていることを遠慮《えんりょ》なく問われたから。

エ　印刷所の仕事をうまくこなせるかどうか心配で気が重いのに、「それにしちゃ、ちっちゃいな」と、仕事にむかない体つきであることを鋭《するど》く言い当てられたから。

問四　――線部②「もう少しゆっくりすればいいのに」とありますが、なぜ順造はその様に思ったのですか。その説明として最も適当なものを、次のア～エの中からひとつ選びましょう。

ア　家に帰り着く時刻《じこく》を少しでも先に引き延《の》ばしたかったから。

イ　あらっぽいやりかたで次々と始末されるネズミがかわいそうだったから。

ウ　ねずみ取りの仕事が風変わりでもっとじっくり見てみたくなったから。

エ　大人がみないそがしそうで自分の相手をしてくれないことが不満だったから。

問五　――線部③「順造はなかなか母に言い出せない」とありますが、なぜ「言い出せない」のですか。その理由を二〇字以内で書きましょう。

23 詩

詩とは、心で感じたことを、リズムのある言葉の形式で表現した、文学的文章です。

○言葉による分類

●文語詩 古典的な書き言葉（文語）で書かれた詩。

●口語詩《こうご》 現代的な書き言葉（口語）で書かれた詩。

○形式による分類

●定型詩 言葉のリズムの作り方に関して、ルールが決まっている詩。短歌（五七五七七）や俳句《はいく》（五七五）、漢詩が一例です。

●自由詩 定型詩のような、音数や行数が決まっているルールにしたが

参考

詩の四分類

上記の、言葉による分類と形式による分類を組み合わせて、詩を四分類することがあります。すなわち、文語定型詩・文語自由詩・口語定型詩・口語自由詩です。

わず、自由な形式で書かれる詩。みなさんが教科書で出会う詩の多くは自由詩です。自由詩の中には、普通《ふつう》の文章と同じく、改行せず文章を連ねる詩もあり、これを**散文詩**と呼《よ》びます。

○内容による分類

●叙情詩《じょじょう》　作者個人の感動を直接的に表現した詩。

●叙景詩　風景の美しさを表現した詩。

●叙事詩　歴史的な事件や英雄《えいゆう》の功績を表現した詩。

○詩の表現技法

●比喩法《ひゆ》　たとえを用いて、イメージをふくらませ、連想を広げます。たとえであることが明示される**直喩**《ちょくゆ》と、たとえであることが明示されない**隠喩**《いんゆ》にわかれます。

(例)　直喩「彼女はまるで花のようだ。」　隠喩「彼女は花だ。」

●擬人法《ぎじん》　比喩の一種で、人間以外のものを人間にたとえます。

(例)「花は祈《いの》っている。」

●**倒置法**《とうち》　わざと文章の語順を逆にして、印象を強めます。
（例）「まるで花のようだ、彼女は。」
●**体言止め**《たいげん》　詩の行や文章の終わりを体言（名詞《めいし》）で結んで印象を強めます。（例）「そこに立っていた、まるで花のような彼女。」
●**対句法**《ついく》　対になる語句を並《なら》べて印象を強めます。
（例）「彼女は太陽。彼は月。」
●**反復法**　同じ語句を繰《く》り返し用いて、印象を強めます。
（例）「見渡《みわた》すばかり、花、花、花。」
●**省略法**　文章の一部を省略することで、余韻《よいん》を深めます。
（例）「彼女は空をあおいだ。彼もまた。」
●**呼びかけ**　読者、人物、事物などに呼びかけ、印象を強めます。
（例）「ああ花のような君よ！」
●**押韻**《おういん》　同じような音の語句を並べて印象を強めます。文のはじめで韻をふむ**頭韻**《とういん》や、終わりで韻をふむ**脚韻**《きゃくいん》があります。
（例）「君にだけ／おくる花／受けとめて／くれるかな」

○日本の詩の歴史

近代以前（幕末《ばくまつ》まで）の日本では、詩的表現といえば、伝統的な形式である和歌が代表でした（近代以前の日本人にとって、「詩」といえば漢詩のことであり、「歌」すなわち和歌とは区別しました）。江戸時代に生まれた俳諧《はいかい》の連歌《れんが》も、伝統に連なるものでした。これに対して、明治時代に入ってから、西洋の詩を手本とした、新しい詩的表現が生み出されました。これを**「近代詩」**と呼びます。**島崎藤村《しまざきとうそん》、北原白秋《きたはらはくしゅう》、室生犀星《むろうさいせい》、萩《はぎ》原朔太郎《わらさくたろう》**らが、その最初の担《にな》い手です。形式的には、七音・五音を組み合わせる伝統的なリズムの制約からのがれ、時代が下るにつれ、**口語自由詩**が一般《いっぱん》的になりました。内容的には、花鳥風月《かちょうふうげつ》（叙景詩）や英雄賛美（叙事詩）からのがれ、**個人の心象の表現（叙情詩）**が一般的になりました。

太平洋戦争後の詩を、近代詩から区別して**「現代詩」**と呼ぶこともあります。現代詩は、形式的には、近代詩以上に実験性が強くなり、内容的には、現代的な感受性を様々な形で表現しています。

確《かく》認《にん》問《もん》題《だい》

解答276ページ

次の詩と文章を読んで、あとの問いに答えましょう。

（　　　　）

西条八十《さいじょうやそ》

犬をくれてやった
六年も飼った愛犬を
気が荒《あら》くてかみつくので
近所から抗議《こうぎ》が多いので
彼は小さく黒い自動車に乗り
千葉の農家へ行った
そこで月夜にほえて
河魚《かわうお》の盗《ぬす》まれるのを守るのだ
さみしいものか
いずれおれも近く

参考

西条八十（さいじょう・やそ）

一八九二～一九七〇　詩人。第一詩集『砂金《さきん》』で注目され、以後、詩集『白孔雀《しろくじゃく》』、『見知らぬ愛人』などを刊行。叙情《じょじょう》的作風で知られ、また、早稲田大学教授として仏《ふつ》文学を講じた。童謡《どうよう》、歌謡曲の作《さく》詞家《しか》としても活躍《かつやく》した。

この愛する大地と別れるのだ
こころよい風と光と
やさしい眼《まな》ざしと声々と
いつまでも柔《やわ》らかい蝋《ろう》のような心に
ぴしりと鍛錬《たんれん》の鞭《むち》をくれてやる
そのひびきの中に
犬も行ってしまった

〔解説文〕

1 この詩は、西条八十が、その娘《むすめ》の三井ふたばこといっしょに出していた『ポエトロア』という詩の雑誌《ざっし》に、発表したものである。

2 かわいがっていたイヌを、ひとにやってしまう哀別《あいべつ》の気持ちが、たんたんとしたことばのうちにも、じぶんにきびしくあらわされていて、動物への愛情も、人にたいするのとぜんぜん変わらないものだということが、あらためて感じられる。

3 「犬をくれてやった」と、はじめに乱暴《らんぼう》にいっているが、これはな

参考

文中に出てくることば

鍛錬＝きびしくきたえること。

かなか（　Ａ　）気持ちを、無理にもあきらめようとして使ったことばである。

4　くれてやったなんて、ひどくえらそうぶっているではないかと、思うひとがあるかもしれないが、そうではなく、毒が薬になるように、誤解《ごかい》の危険《きけん》性をふくむことによって、この詩に微妙《びみょう》な効果をもたらしているのだ。

5　イヌは忠実《ちゅうじつ》でかしこかったが、よくひとにかみつき、近所からの文句も多いので、千葉の方の農家へやることにした。「彼は小さく黒い自動車に乗り」という表現は、主人に別れるので、気の強い犬もさすがにしょげて、小さくなっているようすを描《えが》いていて、そのかっこうが目に見えるようである。

6　しかし、主人は、イヌはいましょげているが、農家に飼われると、やがて、「月夜にほえて」遠い野のはてまでも、その声をひびかせて、河魚を盗みにくる泥棒《どろぼう》を、こわがらせるにちがいないと思うのだ。

7　そんなとき、あいつはまるで山イヌのような俊敏《しゅんびん》なすがたになるだろうと、そのかたちのよい姿勢《しせい》も目の底に描くのである。じっさい、すばらしいイヌだ。それだけに別れるとなると、ひどくさみしい。「　Ｂ　」と、作者はいうが、これは、さみしい気持ちを強くあらわすための反語である。

8 が、どんなにさみしくとも、自動車に乗っていってしまったからには、あきらめなくてはならない。そこで、ほかにもっとさみしいものとして、じぶんが死んでこの世に別れをつげることと比較《ひかく》する。「　Ｃ　」は自然をさし、「　Ｄ　」は人々を意味しているのである。

9 けれども、作者はここで一転して、そんな哀別になやむじぶんの気持ちを、なにがあっても負けないように、鍛錬し強くしなければならないと思うのだ。そして、反省のなかで「ぴしりと鍛錬の鞭をくれてやる／そのひびきの中に／犬も行ってしまった」と、この詩をむすぶ。このおわりの三行は、鞭の音によって、肉体とこころの痛《いた》みを関連させている。

（土橋《どばし》治重《じじゅう》編『日本の愛の詩』より）

参考

文中に出てくることば

反語＝本当に言いたいことを、わざと反対の言い方でいうこと。

土橋治重（どばし・じじゅう）

一九〇九～一九九三　詩人・小説家。山梨民友新聞、朝日新聞につとめる。室生犀星《むろうさいせい》に師事し、『日本未来派《は》』をへて、詩誌《しし》『風』を主宰《しゅさい》。詩集に『花』、『馬』、小説に『武田信玄《たけだしんげん》』、『北条早雲《ほうじょうそううん》』など。

問一　この詩の種類を次のア〜エの中から選びましょう。

ア　文語定型詩　　イ　□語定型詩

ウ　文語自由詩　　エ　□語自由詩

問二　この詩は本来、四つの連に分かれています。第二、第三、第四連の初めの行を、それぞれ番号で答えましょう。

第二連＝□行目　　第三連＝□行目　　第四連＝□行目

問三　この詩の1〜4行目に用いられている表現のくふうは、次のア〜エのどれですか。

ア　擬人《ぎじん》法　　イ　比喩《ひゆ》法　　ウ　倒置《とうち》法　　エ　対句《ついく》法

問四　――線部の「柔らかい蝋のような心」とは、ここではどんな心をたとえたものですか。次のア〜エの中から選びましょう。

ア　豊かな大地にたよりたがる心

イ　家族を大切にするやさしい心

ウ　大切なものとの別れを悲しむ心

エ　この世を去るのをさみしがる心

問五　（　Ａ　）にあてはまることばを、文中の語句を使って八字で答えましょう。

問六　「　Ｂ　」～「　Ｄ　」には、詩のある一行が入ります。どの行のことばを入れるとよいですか。それぞれぬき出して答えましょう。

問七　この詩の題として最もふさわしいものを、次のア～オの中から選びましょう。

ア　犬と語る　　イ　犬の悲しみ　　ウ　犬を見送る

エ　犬をくれる　　オ　犬がほえる

第1章 ことばと漢字

① かなづかいと送りがな

8ページ

1

おぢさんが↓おじさんが

そおじを↓そうじを

駅え↓駅へ

予定どうり↓予定どおり

つずいて↓つづいて

2

①おうじ ②じしん ③おおい

④ちず ⑤ずが ⑥とおあさ

⑦みかづき ⑧じめん ⑨わるぢえ

⑩そこぢから ⑪みぢか ⑫ゆうがた

⑬こづつみ ⑭ゆのみぢゃわん ⑮ごじっぽひゃっぽ

⑯とおい

3

①取り囲む ②付け足す ③移り変わり

④待ち遠しい ⑤落ち葉 ⑥生き物 ⑦入り江

⑧教え子　⑨聞き苦しい　⑩雨上がり
⑪長引く　⑫歩み寄り　⑬後ろ姿

4 ①ひ（える）［ひ（やす）］・つめ（たい）・さ（める）
②ま（じる）・まじ（わる）・か（わす）
③あか（るい）・あ（ける）［あ（かり）］・あき（らか）

② 国語辞書の使い方

12ページ

1 ①ウ・エ・ア・オ・イ（第三音で終わっているものが先なので、ウ・エが先で、ア・イ・オが後。ウ・エは原則3により、ウが先で、エが後。ア・イ・オは原則3により、アが先で、イ・オが後。イ・オは原則1により、第四音の順番に従《したが》って、オが先で、イが後。）
②オ・ア・ウ・イ・エ（第三音で終わっているオが先で、残りは後。原則2により、第一音が清《せい》音《おん》のア・ウが先、濁音《だくおん》のイ・エが後。ア・ウでは原則2により、第三音が清音のアが先で、濁音のウが後。イ・エでは原則2により、第三音が清音のイが先で、濁音のエが後。）

2 ①新しい　②覚める　③投げる　④下がる
⑤打つ　⑥かぶる　⑦起きる　⑧通す
⑨走る　⑩細かい

3 ①ア ②ク ③コ ④ケ ⑤オ
⑥カ ⑦ウ ⑧イ ⑨エ ⑩キ

③ 熟語の読み方と漢字の成り立ち

18ページ

1 ①訓読み ②音読み ③訓読み ④音読み ⑤訓読み
⑥音読み ⑦音読み ⑧音読み ⑨訓読み ⑩音読み

2 ①イ ②ウ ③ア ④エ ⑤イ
⑥ア ⑦イ ⑧ア ⑨イ ⑩ウ
⑪ア ⑫ウ ⑬ウ ⑭エ ⑮イ
⑯ウ ⑰ア ⑱イ ⑲エ ⑳ア

3 ①えふで ②ぬのじ ③しゅくば
④ごて ⑤きゅうば ⑥きごころ
⑦すがお ⑧たんもの ⑨とうどり
⑩ひとじち ⑪のてん ⑫さしず
⑬くみきょく ⑭うわやく ⑮あつじ
⑯あいず ⑰なや ⑱うなばら

⑲えがお　⑳めがみ　㉑かぐら
㉒わこうど　㉓やおや　㉔じゃり
㉕しろうと　㉖しわす　㉗たち
㉘もよ　㉙けびょう

④ 熟語の組み立て　23ページ

1
①未　②不　③非　④不　⑤非（未も可）
⑥不　⑦不　⑧不　⑨無　⑩非

2
①ウ　②カ　③オ　④キ
⑤ア　⑥エ　⑦イ

⑤ 反対語と同義語　27ページ

1
①遠洋　②短縮《たんしゅく》　③集合　④義務　⑤下降《かこう》
⑥質素　⑦現実　⑧未来　⑨失敗　⑩増加
⑪平等　⑫秩序《ちつじょ》　⑬結果　⑭利益　⑮冷却《れいきゃく》

2
①ア　②ウ　③ウ　④ア

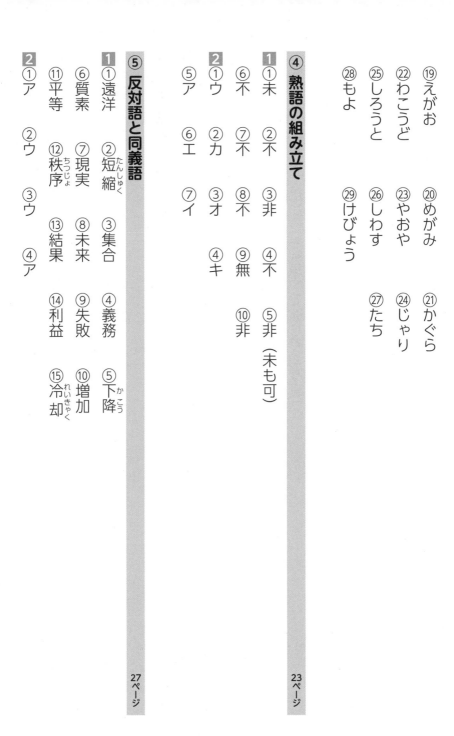

⑥ 四字熟語 31ページ

1 ①いちじつせんしゅう・ケ　②じごうじとく・ウ　③けいこうぎゅうご・イ
④ちょうれいぼかい・オ　⑤りゅうとうだび・ア　⑥さんしすいめい・キ
⑦せいてんはくじつ・カ　⑧しめんそか・エ　⑨ごえつどうしゅう・ク

⑦ 同音異義語・同訓異義語 37ページ

1 ①細心／「心の細やかなはたらき」を表すので「最新」ではなく「細心」
②歓声／「よろこびの声」＝「歓声」
③会心／「できばえに満足する」＝「会心」
④細大／「細かな所も大きな所も全て」だから「最大」ではなく「細大」
⑤厚意／「親切」だから「好意」ではなく「厚意」
⑥回答／問題を解き答えを出すわけではないから「解答」ではなく「回答」
⑦最期／人が死ぬときは「最後」ではなく「最期」
⑧遺志／「死んだ人の生前の意志」＝「遺志」
⑨保険／「保健」ではなく「保険」
⑩所期／「期待すること」＝「所期」

⑪制作／道具や機械で品物を作れば「製作」だが、壁画は芸術作品なので「制作」
⑫創造／芸術家が芸術作品を「作る」のだから「想像」ではなく「創造」

2
①因る・由る／原因なので「因る」もしくは「由る」
②勧める・奨める／勧誘《かんゆう》する場合は「勧める」もしくは「奨める」（ただし「奨」は常用漢字ではないので、ふだん使うのは「勧」の方が良いでしょう）
③敗れる／「破れる」でなく「敗れる」
④採る／採用・採集の場合は「採る」
⑤供える／神仏に物をさしあげるのは「備える」ではなく「供える」
⑥推す／推《すい》せんしているので「推す」（近年の俗語《ぞくご》である、タレントを応援《おうえん》するという意味の「○○おし」は、人に推せんしたいという意味なので「推し」を使います）
⑦就く／就職《しゅうしょく》・就任の場合は「就く」
⑧代わって／代理なので「代わって」
⑨説く／説明し理解させるときは「説く」
⑩易しい／「難《むずか》しい」の反対は、「優しい」ではなく「易しい」

⑧ ことわざ・慣用句・故事成語

42ページ

1

①胸《むね》 ②腰《こし》 ③首 ④頭 ⑤骨《ほね》

⑥指 ⑦腕《うで》 ⑧胸 ⑨肝《きも》 ⑩爪《つめ》

⑪あご ⑫へそ ⑬あご ⑭骨 ⑮すね

⑯焼け石 ⑰横 ⑱虫 ⑲花 ⑳粉《こ》

㉑手塩《てしお》 ㉒あわ ㉓一目《いちもく》 ㉔苦虫《にがむし》 ㉕竹

㉖宝 ㉗馬 ㉘風前《ふうぜん》 ㉙功名《こうみょう》 ㉚船（舟）

2

①オ ②シ ③ケ ④ア ⑤キ

⑥セ ⑦イ ⑧コ ⑨サ ⑩ク

⑪ウ ⑫カ ⑬ソ ⑭ス ⑮エ

第2章　文法

⑨ 文・文型・文の組み立て・主語と述語・修飾語と被修飾語　55ページ

1 ①ア（コスモスが―ゆれる）　②ウ（送り届ける／ことが―役目だ）
③イ（様子は―不気味だ）

2 ①イ　②ウ　③ア　④ウ

⑩ 品詞分類　67ページ

1 ①ア　②エ　③ウ　④エ　⑤オ　⑥オ　⑦イ　⑧エ　⑨オ　⑩オ
⑪ウ　⑫オ　⑬オ　⑭ウ　⑮オ　⑯エ　⑰オ　⑱エ　⑲オ　⑳オ

⑪ 助動詞・助詞　80ページ

1 1．エ／例文とエは「どうやら」がつくので推定《すいてい》。ア・ウは「いかにも」がつくので「いかにも～と呼《よ》ぶにふさわしい」という意味の形容詞の一部。イは形容詞「めずらしい」の一部。

2．ア／「ぬ」でいいかえてみます。例文とアはいいかえ可能だから打ち消しの助動詞（「しない」は「せぬ」といいかえられます）。ウ・エは形容詞。イは形容詞「はかない」の一部。

3. イ ／ 例文とイは「～てある／～ている」にいいかえられる「存続《そんぞく》」。ア・エは「過去」。ウは「完了《かんりょう》」。

4. ア ／ 例文とアは「～しよう」にいいかえられる「意志」。イ・ウ・エは「～だろう」にいいかえられる「推量」。

⑫ 可能動詞・自動詞・他動詞

86ページ

1 ①待てる　②打てる　③切れる　④×　⑤座れる
⑥×　⑦×　⑧逆らえる　⑨×　⑩×

打ち消しの「ナイ」をつけてみます。①「待たナイ」②「打たナイ」③「切らナイ」⑤「座らナイ」⑧「逆らわナイ」は「ナイ」の直前部分がア段《だん》となり「五段活用」であるから、可能動詞を作ることができます。④「着ナイ」⑦「落ちナイ」は直前がイ段で「上《かみ》一段活用」、⑥「寝ナイ」⑨「捨てナイ」⑩「決めナイ」は直前がエ段で「下《しも》一段活用」なので、可能動詞を作ることはできません。

2 ①○・集める　②×・決まる　③○・終える　④○・高める　⑤×・焼ける
⑥×・立つ　⑦○・起こす　⑧×・のびる　⑨○・聞く　⑩○・とかす

⑬ 品詞・語の識別　95ページ

1 （それぞれ、上から順に）

①断定の助動詞「だ」の活用形と、形容動詞「りっぱだ」の活用語尾《ごび》

②連体詞「とんだ」の一部と、断定の助動詞「だ」

③断定の助動詞「だ」の活用形と、過去の助動詞「だ」（…過去の助動詞「た」がだく音化したもの）

2 ①イ　／「まるで」がつくので、たとえを表す助動詞「ようだ」の活用形。

②ア　／「例えば」がつくので、例示を表す助動詞「ようだ」の活用形。

③ウ　／「どうやら」がつくので、推定《すいてい》を表す助動詞「ようだ」の活用形。

第3章　古典

⑭ 文学史　123ページ

1（A群・B群の順に）

①ア・イ　②エ・ウ　③オ・エ

④イ・オ　⑤ウ・ア

（古い順に）

③・⑤・④・①・②

⑮ 短歌・俳句・漢詩　137ページ

1（句切れ）

1．三句切れ　2．四句切れ

3．四句切れ　4．三句切れ

（字余りの短歌）

1（結句が字余り）・4（三句が字余り）

2（季語と季節）

1．五月雨・夏　2．蛙・春

3. 花の雲（花）・春　4. 柿・秋

（切れ字を用いた句）

2（「古池や」の「や」）

⑯古典芸能 142ページ

1 1. イ　2. ウ　3. エ　4. ア

2 ウ

⑰ 説明的文章（1）　149ページ

○意味段落分け

【問い】ゴミが処理しきれなくなっている問題をどうすべきか　1
【答え】生活そのものを変える必要がある　2
【根拠】かつては循環の生活によってゴミが出なかった　3～5
【答え】農的な循環のあるくらしに戻せばよい　6・7

○解答

問一　**(例)ゴミを処理し切れないこと。(ゴミがどんどんあふれていくこと。)**　解説　直前の1段落の「自分の出したゴミを自分たちのところで処理し切れない」、直後の「出口はどんどん詰まっていく」が解答の内容となります。

問二　**イ・オ**　解説　意味段落分けから、3～5段落の内容に当てはまるものを選びます。

問三　⑴**基本的にも　～　使っていた**　解説　この場合は、指示語の基本で、直前の記述が解答になります。ただし、どこからどこまでを解答にすればいいか迷いますね。こういうときは、**指示語を指示される語に置きかえて確認して下さい。**この場合は「そうだった」を置きかえます。「衣食住すべてにわたって**【基本的にものの寿命《じゅみょう》、ものの生命というものを大事にして、順ぐり順ぐりに使っていた】**のです。」とすれば文意が通るので、正解が判明しました。

(2) **(例) 洋服を着る生活** 解説 4段落の「ところが洋服だと、作りかえて着るということができないわけです。」が解答の根拠となります。特に抜《ぬ》き出しが指定されているわけではないので、設問の「ゴミの出る生活」に対応させて、「生活」で結ぶ答えにすれば良いでしょう。

問四 (例) 生きた自然の中から与《あた》えられたものをもとに生活し、生きた自然にすべてを返していくくらし。 解説 「そういう」という指示語がありますので、直前の「生きた自然の中から〜全部始末してくれるんです。」が解答の内容となります。**設問で「どういうくらしのことですか」と聞かれていますので、「〜くらし。」で結ぶ形に、文章を整えましょう。**

問五 (例) 多くの物を作り捨てている現在の生活を、農的な自然の循環のあるくらしに変えていくこと。 解説 意味段落分けから、ゴミ問題の解決策は2段落と6・7段落で示されていますので、この三つの段落の内容をまとめます。2段落で「生活そのものを変えていかなくては」とありますので、何から何に変えるのかを明示すれば良いでしょう。

⑱ 説明的文章（2） 163ページ

1

○意味段落分け

【問い】（逃げることはほんとうにひきょうか）

【具体例】 いじめっ子にであったときの二つのこわさ 1〜4

【根拠】 人間は、社会をまもるために、たたかう衝動を勇気、逃げだす衝動をおくびょうと呼ぶ必要があった 5・6

【答え】 時には逃げだして危険をさける方がかしこいこともある 7

○解答

問一 イ・エ・ア・ウ 解説 アに「その二つめのこわさが」と**指示語**があるので、第一に、アの前に二つの「こわさ」が並んでいなければならない、第二に、二つめは「逃げる衝動をおさえ」るものである、ということがわかりました。エの冒頭に「しかし」と**接続語**がありますので、エが「二つめ」であることが推測できます。「逃げたらひきょうだ」とありますので、内容的にも合っています。逆に、一つめのこわさは「逃げる衝動」について書いてあるのでしょうから、イが一つめですね。ここまででイ→エ→アという順番が判明しました。残るはウですが、主語が省略されているので、主語にあたる「別のなかまから軽蔑されることのこわさ」もしくは「二つめのこわさ」の後に続くのでしょう。どちらの直後でもつながりますが、アが「べつの反対の行動へまっすぐ進ませる。」と結んでおり、「べつの反対の行動」の内容が示されていないので、アの直後に置く方が適切であると判断できました。**順番がわかったら、本文に戻《もど》して、[　]の直前・直後とのつながりに違和《いわ》感がないかどうか、確かめて下さい。**この設問では、**指示語と接続語が解答の手がかり**となりました。

問二　イ　解説　[1]は直後に「相手にならないのが、じっさいにも、りこうなことだ。」とありますので「まわり道して」、[2]は直前に「そのなかまに、ひきょう者だと思われるのがいやな場合だったら。」とありますので「通っていこうとする」を選びます。

問三　（例）自然のままの人間の本能からくるこわさ　解説　意味段落分けから、この「もしもいじめっ子に出会ったら」という具体例は、[1]段落から[4]段落まで続いており、その中でも「三つのこわさ」について詳《くわ》しく説明しているのは[4]段落です。傍線《ぼうせん》部①の、いじめっ子から逃げたい衝動は、[4]段落では「自然のこわさ」「自然のままの人間の本能」と説明されていますので、ここを解答とします。「どういう感情ですか」と問われているので、結びは「〜こわさ」あるいは「〜感情」としておけば良いでしょう。

問四　（例）社会がくずれてしまうことのないように、自然の衝動を、価値の低いものとしてお

さえつける必要があったから。 解説 意味段落分けから、5・6段落から解答を探せば良いことがわかります。まず傍線部②の直後には「あとのほうの衝動を価値の低いものだとしている」とあります。ではなぜ「逃げたい気持ち」を「価値の低いもの」とみなさなければならなかったのか？ 6段落の最後に「だから、その強い自然の衝動に勝つために～逃げだす衝動をおくびょうと呼んでおさえつける必要があったわけだ。」とありますので、6段落の内容をまとめれば良いでしょう。

問五 (例) たたかう勇気は、人間をむだに危険にさらすこともあるので、時には逃げだして危険をさける方がかしこく、むしろ強い心の力を必要とするものだ。 解説 7段落の内容をまとめれば良いでしょう。

2

○意味段落分け

【問い】 日本に昔からある、湿気を防ぐ知恵とは？ 1

【答え1】 オケラをたく 2

【答え2】 唐櫃とスノコ 3～5

【答え3】 体表に空気の層を固定するカゴや肌着 6・7

○解答

問一　（例）生薬を乾燥しておくため。 解説 「そのため」の「その」は直前を受けていますので、直前の内容をまとめます。「何のためですか」と問われていますので、「～ため。」で結べば良いでしょう。

問二　（例）日本の気候が高温多湿で、夏の高い湿度によるカビや腐敗を防ぐ必要があったから。 解説 意味段落分けから、日本の「知恵」について書かれているのは①段落であるとわかりますので、①段落前半「日本は～腐敗しやすくなるため、」の内容を整えます。「どうして」と問われていますので、「～から。」と結べば良いでしょう。

問三　（例）衣類と皮ふの間に空気の層をつくり、体の表面からの蒸発を容易にする原理。 解説 「これ」が指示している直前の内容をまとめます。「どのような原理ですか」と問われていますので、「～原理。」と結べば良いでしょう。

問四　（例）網のシャツが暑さを防ぐと同時に、寒さも防ぐという点。 解説 直後に「この網のシャツは、防寒にも大変役立つ。」とありますので、ここは解答の要素になりますが、これだけだと何がおもしろいのかわかりません。「防寒にも」とありますので、「涼しくてやめられない」網のシャツが「防寒にも」役立つところがおもしろい、という内容をまとめます。「何のどんな点が」と問われていますので、「～点。」と結べば良いでしょう。

第5章　随筆

⑲ 随筆（1）
175ページ

1

○意味段落分け

【体験1】家庭科の調理実習の目玉焼き作りで、不安に思っていた通り、卵をつぶしてしまった私　1・2

【体験2】台所で母から、卵の割り方や、卵料理の作り方を習った私　3・4

【印象】あれは母から台所で何かを習った最初の経験で、料理に興味を持つきっかけともなり、卵一個で母が見せてくれた魔法だった　5

○解答

問一　脱文《だつぶん》補充《ほじゅう》の問題ですので、まずは脱文中に、接続語・指示語・キーワードといった解答の手がかりを探《さが》します。さらに、本文の直前直後の内容から、どのような脱文が入りそうかを推定《すいてい》します。答えが見つかったら、本文にあてはめ、違和《いわ》感がないかどうか確認して下さい。

1．エ　解説　エは、調理実習の他の子たちの様子を描写したものでしょうから、1に入れるのが適切だと判断できます。

2.カ 解説 カに「ちょっとどころか」とありますので、直前に「ちょっと」と書かれているところを探します。

3.ウ 解説 直前・直後から、緊張《きんちょう》が極限に達した「私」の心境を表現している、ウがふさわしいと判断できます。

4.ア 解説 「子供は残酷である」と説明される「こういう時」とは、もちろん、「私」が目玉焼きづくりに失敗した瞬間《しゅんかん》を指しているのでしょうから、4に入れるのが適切だと判断できます。

5.オ 解説 「楽な気持ち」になれたから、卵をきれいに割ることができたのだろう、と推定できますので、「今度は、うまくいった。」の直前がふさわしいと判断できます。

6.イ 解説 直前の「今でも生卵を割るときは、家庭科室での光景がふっと頭をよぎる。」を説明するイを選びます。

問二 おそるおそる 解説 抜《ぬ》き出しの設問と考えて、どの段落から探すかという方針を立てましょう。「もじもじと」は、遠慮《えんりょ》したり恥《は》ずかしがったりして、ぐずぐずしている様子を表す言葉です。調理実習の体験談の中で、二度も同じような表現を使いはしないでしょうから、これは、母と台所に立って再び目玉焼きに挑戦するときに出てくると推定して、4段落から、字数に合う表現を探しましょう。

問三　（例）家庭科の調理実習で、みんなの見ている前で緊張して卵をつぶし、目玉焼きがうまく作れなかったこと。　解説　1・2段落の全体から、要点をまとめましょう。

問四　イ・エ　解説　たとえ卵を割ることに失敗しても、明るい気持ちで、おいしいいり卵やオムレツに生まれ変わらせる、母の「魔法」（のような料理の腕前）にはげまされ、「私」は「なんだか元気が出てきて、もう一度やってみようかな」と思い、今度は卵を割ることに成功します。「自分は不器用だ、失敗したらどうしよう」とくよくよしていると、かえって本当に失敗してしまいますが、「失敗しても大丈夫」と明るい気持ちで取り組めば、その方が実際うまくいく、ということが、ここから読み取れるのではないでしょうか。

問五　「さあ、・「もしこ　解説　傍線部「卵一個で母が見せてくれた魔法」とありますので、失敗しても大丈夫であることを証明してくれた、いり卵とオムレツが答えになることは、明らかでしょう。

2

○意味段落分け

【体験】　黄昏《たそがれ》の荒野の川で、ボートを操《あやつ》り、声をかけ、はげましながらも、決して助けはしない父と、夢中になって竿にしがみつく子を、目撃《もくげき》した私　1～5

【印象】子は成長して、よごれた大人になったとしても、父のこの叫び声だけは、彼の中でいつまでも小さな光輝《こうき》を発することだろう　6

○解答

問一　(例) **北にある外国の荒野を流れる川の中。**　解説　1段落には「荒野の川」とあり、5段落には「私は川に体をひたしたままリールを巻く手をやすめる。」とありますから、筆者もまた、この川で釣りをしていることがわかります。また、1段落に「いつまでも暮れようとしないその北方の黄昏」とありますので、夏の日照時間がかなり長くなる（ひょっとすると白夜がおとずれる）、北の高緯度《こういど》に位置する外国であることもわかります。「荒野の川」という表現が日本の風土には合っていないことも、やはりここが外国であることを示しています。ちなみに、本当はどこかというと、アラスカです。

問二　**「!」＝(例)「かかったぞ!」「ようし、きた!」など**
解説　魚がかかったことを強く確信する心境が当てはまります。
「?!」＝(例)「かかったのか、かかってないのか?!」「いったいどっちなんだ?!」など
解説　疑問と確信の両方があるような心境が当てはまります。

問三　(1)　(例) **父が子に、声をかけ注意しはげましてやるが、けっして手助けはしないこと。**

解説 指示語ですので、直前の内容をまとめます。

(2) **(例) 自分の力で釣り上げさせることが、子どもを成長させるのに一番よいことだから。**

解説 直後の「自分でかけた魚は自分であげなければいけないのだ。着手したらさいご一人でたたかえ。やりぬけ。完成しろ。」の意味することを、自分の言葉を用いて、わかりやすくまとめましょう。

問四 (例) 親から自立して大人になる自信を、父から与えられた日。 解説 課題文中に、そのまま解答として使える記述はありませんが、問三(2)の解答を、子の側の視点《してん》で書き直せば良いでしょう。

問五 着手したらさいご一人でたたかえ。やりぬけ。完成しろ。 解説 指示語なので、直前の5段落から探《さが》せば良いでしょう。

⑳ 随筆 (2) 187ページ

○意味段落分け

【体験1】 明治四十年夏、カラフト=アイヌ語を調査するために、単身カラフトにおもむいた私 1・2

【体験2】 アイヌ部落の人々に警戒《けいかい》され、言葉が通じないまま、むなしく日を過ごす私 3・4

【体験3】四日目、言葉の通じない子供の一人を、なすすべなく写生した私　5～7
【体験4】ふと思いつき、顔の絵をかいたら、からだの名を十数個採集できた私　8～11
【体験5】「何？」という単語を知って、たちまち七十四個の単語を採集できた私　12～15
【印象】これをきっかけに、カラフト=アイヌ語の研究につきすすんだ私　16

○解答
問一　①　**カラフト=アイヌ（語）の**
②　**カラフトへの単身踏査**
③　**無心に遊んでいる子供たちの**
④　**得意になって説明している子の**
⑤　**「何？」という語**
⑥　**他者の心へ通う小道をまっしぐらに進んだこと**
解説　いずれも指示語なので、直前の語句を指示しています。指示されている語句を、指示語と置きかえて、文意が通るかどうかをチェックして下さい。
問二　16　解説　脱文中に「ひげづら」や「婦女子」が出てきて、筆者に対してうちとけていますので、15段落「おりから、川原に集まってますを捕えている、おおぜいのおとなたちの所へ降りて行って……」の直後のことだとわかります。

問三　（例）役所の船から降りた人物だから。 解説 傍線《ぼうせん》の直前が、そのまま解答になります。

問四　カラフ　～　まいか 解説 1段落に「こういう空想がいっぱいにわたしの心を占めて、～を思い立つに至ったのである。」とありますので、「こういう空想」が指示する直前の内容が答えとなります。

問五　（例）それまでいくら働きかけても聞き出せなかったのに、ふとした思いつきからカラフト＝アイヌの言葉を採集できたことに、感動しながら笑ってしまう気持ち。 解説 直前に「期せずして採集できた。」とあるので、絶望的な気持ちに追い込まれていたのに、ごく簡単《かんたん》な思いつきであっけなく解決してしまったことを、「おかしい」と感じたことがわかります。

問六　わたしと全舞台との間をさえぎっていた幕 解説 傍線《ぼうせん》部エは、カラフト＝アイヌ語の世界に足を踏み入れた感動を述べているので、同じ意味の表現は、傍線部の近くにあると推定《すいてい》できます。

問七　カ→ウ→イ→オ→エ→ア 解説 1がカ、3・4がウ、5の「不安の憂悶」がイ、5の「『通じないかな』と、ひとりつぶやきながら途方にくれていると」とあるのがオ、11がエ、16の「狂熱的」がア。

問八　一つめのひらめき＝（例）だれにもすぐわかるように、大きく子供の顔をかいてみたこと。

解説 8段落に「ふと思いついて、」とあるのが、解答の手がかりとなります。

二つめのひらめき＝（例）「何？」という語を手に入れるために、めちゃめちゃな線をぐるぐる引き回したこと。 解説 12段落に「そこで、ふと思いついて、」とあるのが、解答の手がかりとなります。

問九　（例）堅く閉ざした心を開き、人を人と結びつけること。 解説 16段落「ことばこそ、堅く閉ざした心の城府へ通う唯一の小道であった。」を、わかりやすく言いかえます。

㉑ 物語（1）

201ページ

○基本設定

人物＝戸田（ぼく）・若林稔・木村マサル・教師・クラスの友人たち

時間＝戦前（出典によれば昭和十年＝一九三五年ごろ）、二学期の最初の日

場所＝関西の小学校（出典によれば神戸市灘《なだ》区の六甲《ろっこう》小学校）

○意味段落分け

【発端《ほったん》】自分と同じくかみをのばした転入生若林に出会い、複雑な思いをいだくぼく　1～3

【展開】落ち着かない気持ちのまま、教師の喜びそうな作文を読むぼく　4～9

【展開】教師から「良心的」とほめられ、平然としているぼく　10～13

【山場】若林と目が合い、自分を見抜かれてしまったと感じるぼく　14・15

【結末】若林に対して屈辱感を抱くようになったぼく　16・17

○解答

問一　a　**特権**　b　**純真**　c　**苦心**　d　**裁判官**　e　**責**

問二　みはじめた　解説　脱文《だつぶん》中の「この時間」は、作文を音読する時間を指すことは明らかです。⑥段落に「……この日は読みながら、心は落ちつかなかった。」とありますので、この一文の直前に入れるのが適当でしょう。

問三　A　ア　解説　「自尊心」は「プライド」という英単語と同義です。

B　イ　解説　この助詞「の」は、「白いエリがでた」といいかえられます。

C　ア　解説　「うしろめたい」は「罪悪感」に似た感情です。

問四　かれは東京　～　を着ている　解説　「敵意とも嫉妬ともつかぬ感情」が、⑥段落で「(負けんぞ)とぼくは心の中でつぶやいた。」と、くりかえされているのが解答の手がかりです。この直前が解答に当たります。

問五　病気の木村　解説　⑦段落で「サワリ」とは「師範出の若い教師が喜びそうな場面」とありますので、⑨段落の「けれどもそれに続くあとの部分で、例によってぼくはありもしない場面を作りあげていた。」が解答の手がかりです。この直後の「ありもしない場面」を解答とすれば良いでしょう。

問六　(1)　(例)　木村君が病気と聞き、見まいに行こうと思ったこと。　解説　指示語なので、直前の「ぼく」の発言を解答とします。「どんなことを指しますか」と問われているので、「～こと。」で結びます。

(2)**ウ・オ** 解説 [11]段落の「木村がよろこんだことは言うまでもない。だが、あの時、ぼくが感じたのはかれのひゃくしょう家のきたなさと優越感だけであった。」、[13]段落の「別にウソをついたとも仲間をダマしたとも思わなかった。今日まで学校でも家庭でもそうだったのだし、そうすることによってぼくは優等生でありよい子だったのである。」が解答の根拠《こんきょ》となります。「ぼく」が抱いた「優越感」とは、自分の家が木村の家とはちがって、標本箱をいくつも買えるほど裕福《ゆうふく》であることを内心でほこり、また「自分の大切なものを病気の友人にプレゼントして感謝されるよい子」を演じて自己満足するものだったのでしょう。

問七 ウ 解説 [12]段落「戸田クンは本当の気持ちを正直に書いている。」が解答の根拠となります。「正直」に近い意味の「良心的」を選びます。

問八 ウ 解説 直前の[14]段落で、「ぼく」は若林に自分の本質を見抜《みぬ》かれたと思っています。傍線《ぼうせん》部の直前では「ぼくは視線をそらし、耳まで赤い血がのぼるのを感じた。」、直後では「黒板の字がふるえ動いているような気がした。」とありますから、心臓がドキドキしていることが、読者にも手に取るように伝わります。このドキドキにいちばん近いのは「動揺」でしょう。

問九 (例) みんなはだませてもかれだけはだませない 解説 [14]段落「(みんなはだまされてもネ、ぼくは知っているよ) その微笑はまるでそう言っているようだった。」を解答の根拠とします。

問十　エ　解説　「正直」はもちろん、教師が「ぼく」を評価して言ったことばなので、あてはまりません。

㉒ 物語（2）　215ページ

1

○**基本設定**

人物＝源次・留吉・繁太・与八・名前不詳《ふしょう》（出典によれば三造《さんぞう》）・シロ

時間＝冬

場所＝雪山の山小屋

○**意味段落分け**

【発端】何日も続く吹雪の中で、食糧が底をつき、飢えに苦しむ源次たち　1～9

【展開】苦悶《くもん》の末にあきらめ、小屋の裏手で、シロを撃《う》ち殺した源次　10～25

【結末】真っ青な顔で戻る源次、何が起きたかをさとる四人　26・27

○解答

問一　1．エ　2．ア　3．ウ　4．オ　解説 短歌は一首、俳句《はいく》は一句と数えます。まちがえないようにしましょう。

問二　吹雪

問三　食えるものではなかった

問四　イ

問五　ウ　解説 源次が、ひざをかかえてうずくまっている様子をイメージしましょう。11段落の「源次は柱にもたれ、両ひざを抱いて、いろりの火をみつめていた。」と、26段落の「源次は銃を壁に懸けると、以前のように柱にもたれ両ひざの間に頭をうずめてしまった。」で、後者の方がさらに絶望が深まっている感じが、読者の胸を打ちますね。

問六　イ　解説「しかねる」は「することができない・することが難《むずか》しい」という意味なので、その打ち消しである「しかねない」は「ふつうではしそうもないことをするかもしれない」という意味になります。

問七　ウ　解説 直後の「人間ほどまいっていなかっただけ」が解答の根拠《こんきょ》。

問八　C　ウ　解説 愛犬を殺し、精魂《せいこん》尽《つ》きた、死人のような風ぼうであったことでしょう。

D　イ　解説 苦しみをはきだすような様だったのではないかと想像できます。

問九　（例）吹雪により小屋に閉じこめられたみんなを飢えから救うために、愛犬のシロを殺してしまった。

2

○**基本設定**

人物＝順造・父・母・桶屋・ねずみ取りの人・印刷所の主人夫婦・職工たち・飯沼さん

時間＝明治時代末頃、秋〜冬ごろのある日

場所＝東京

○**意味段落分け**

【**発端**】学校を早退《そうたい》したものの、帰宅するのは気が重い順造　1〜18

【**回想**】印刷所の使い走りをして家計を助けてほしいと両親から頼《たの》まれ、父親の体調次第で退学することになるのでは、と不安に思う順造　19〜26

【**展開**】初めて印刷所に出かける順造　27〜32

【**結末**】働いてきたことに満足するとともに、由太郎や同級生に見られたくないと思う順造　33〜37

○解答

問一　a　エ　b　ウ　c　ア

問二　エ　解説　ア・イ・ウは、他の動詞につくことで意味が生まれる補助《ほじょ》動詞。エはそれだけで意味を持つ動詞。

問三　ウ　解説　26段落に「このまま、もう学校をやめなければならないのかもしれないという不安が、順造を心細くするのも当然であった。」とあり、卒業を前に働きに出るのは、順造にとってとても気が重いことであったとわかりますので、ウを選びます。アは「うそを言って早退けしたことで気が重い」が不適。「半分は本当ではなかった」というのは、23段落に「二三日休ませて下さいと母親の言葉のまま先生に言ったのはうそで、父親の体具合によっては、いつまた通学できるのか、分からない不安もあった。」とあり、つまり、欠席が二三日ではすまないかもしれないという話であって、べつに学校を休むための口実をでっちあげたわけではありません。イは「本当は行きたくなかった印刷所」が不適。順造の気を重くさせているのは、このまま働きに出て退学するかもしれないということであって、印刷所を嫌《きら》っているからではありません。

問四　ア　解説　3段落「まっすぐ家へ戻るのは、それだけでも気が重かった。」が解答の根拠。

問五　（例）父の病気で家に金がないと知っているから。　解説　直後に「自分が冬休みじゅう働けば、そういうことも楽に言えそうだし、」とあるので、順造が家にお金がないことを気にしていることがわかります。

㉓ 詩

236ページ

問一　エ

問二　第二連＝5行目　第三連＝9行目　第四連＝14行目　解説　第一連は「おれ」が愛犬を手放した事情、第二連は去っていった犬のこれからへの「おれ」の思い、第三連は残された「おれ」の自分自身への思い、第四連はまるで涙をこらえているような犬への惜別《せきべつ》の思い、とまとめることができるでしょう。解説文からも、この区切り方が判明すると思います。

問三　ウ　解説　ちなみに11～13行目でも倒置法が用いられています。

問四　ウ　解説　解説文に「そんな哀別になやむじぶんの気持ちを、なにがあっても負けないように、鍛錬し強くしなければならない」とありますので、傍線部《ぼうせん》は「哀別になやむじぶんの気持ち」を指していることがわかります。

問五　（例）あきらめられない（あきらめきれない）　解説　直後の「無理にもあきらめようとして」に続く言葉を入れます。

問六　B　さみしいものか　解説　直後に「反語」とあるのが解答の根拠《こんきょ》です。「反語」とは本来、自分の言いたいこととはあえて逆のことを、疑問形にして言うことで、自分の言いたいことを強調する表現です。「冗談でこんなことが言えるか」（＝いや、言えない。つまり、本気で言っている）のような例です。ここでは、「あえて逆のことを言う」という意味で使われています。

C　こころよい風と光と

D　やさしい眼ざしと声々と

問七　エ　解説　ウかエかいささか迷いますが、1行目が「犬をくれてやった」ですし、詩全体をおおう反語的な調子（「おれの方からくれてやったんだ！　悲しくなんかない！」と言いながら泣いているような……）に見合うのは、「犬をくれる」の方でしょう。

ワンコイン参考書シリーズ

小6国語参考書

令和五年三月一日　初版刊行

著　者　大岡　淳

発行者　原　精一

東京都江東区亀戸八-二五-一二

発行所　株式会社　日栄社

〒一三六-〇〇七一　東京都江東区亀戸八-二五-一二

電話　〇三-六八〇七-〇八〇一（代）

ホームページ　https://www.nichieisha.com/

印刷所　三省堂印刷株式会社

カバーイラスト　二平瑞樹

ブックデザイン　木村祐一（ゼロメガ）

DTP　ゼロメガ

ISBN978-4-8168-5611-2　Printed in Japan

本シリーズの電子書籍版「ツーコイン電子参考書・問題集シリーズ」の制作にあたっては令和二年度事業再構築補助金の交付を受けました。